I0821885

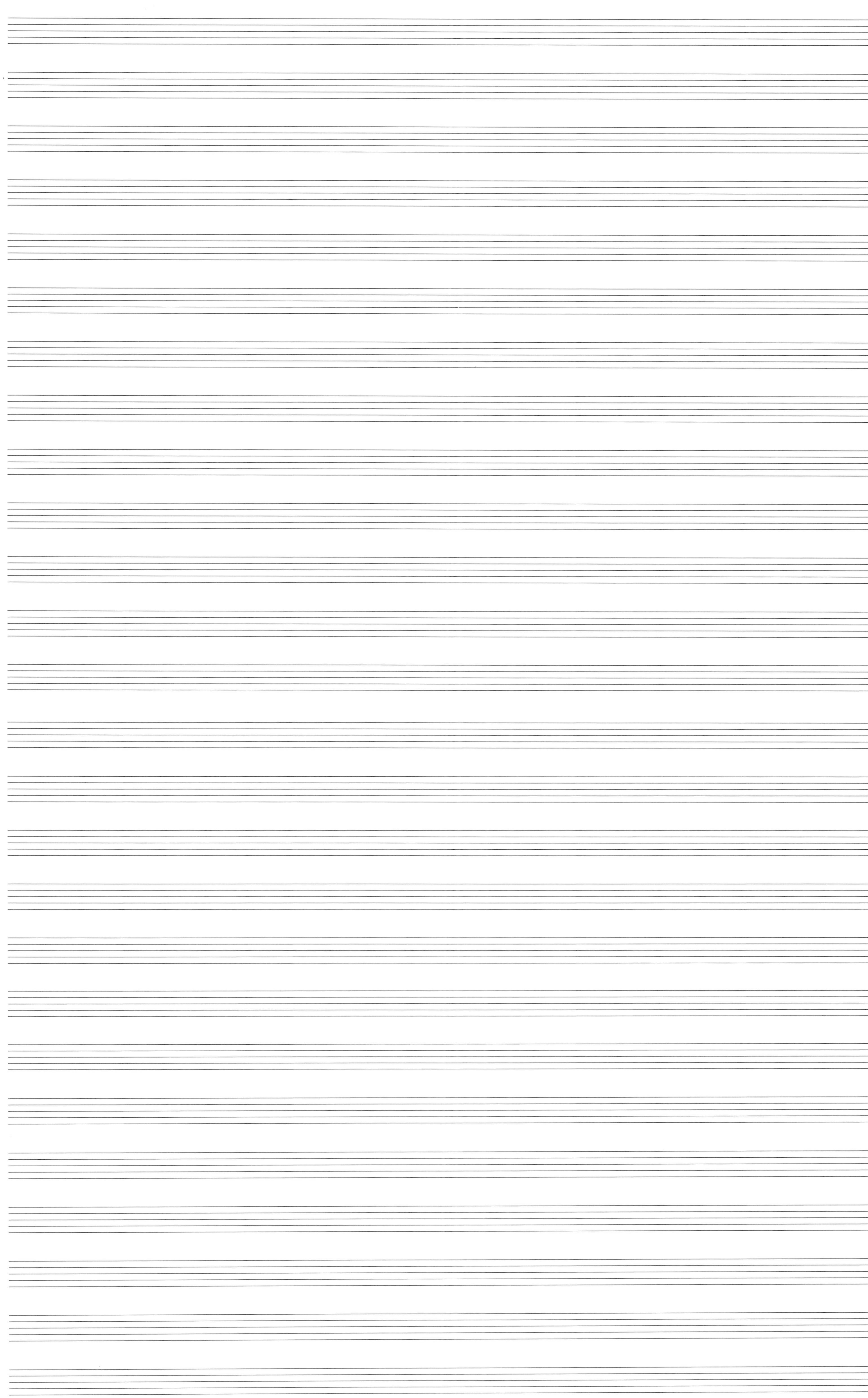

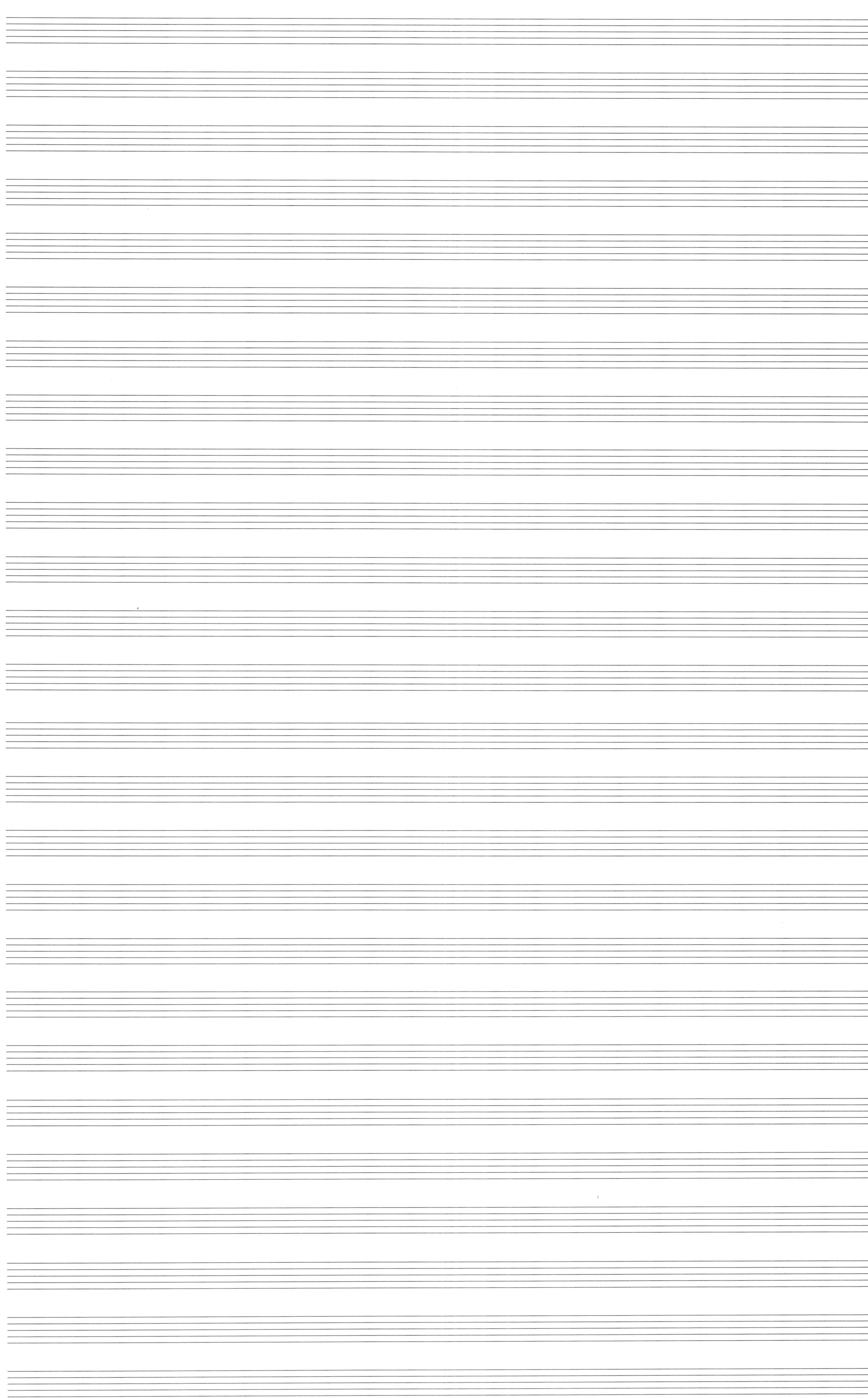

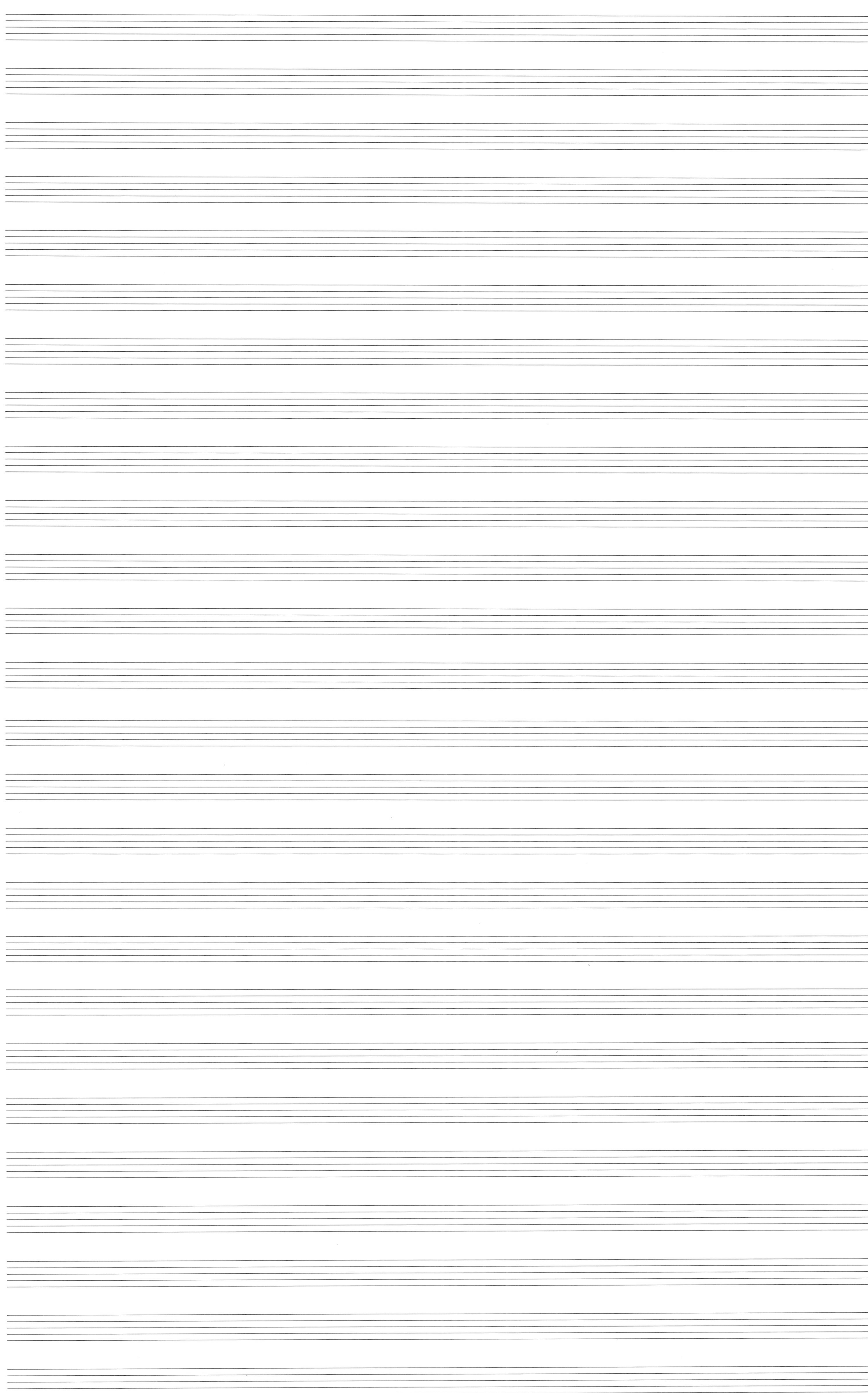
Carta No. 33

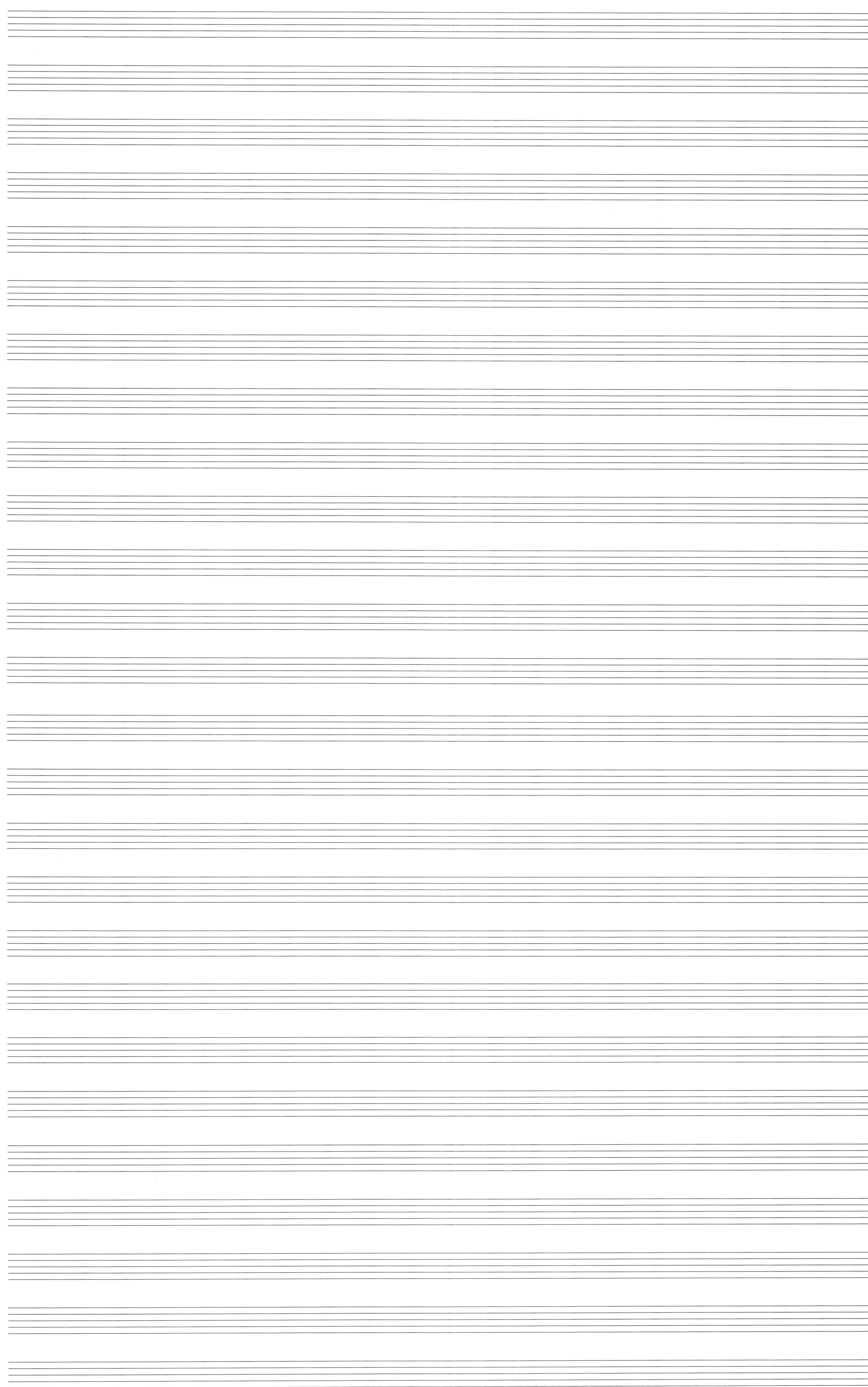

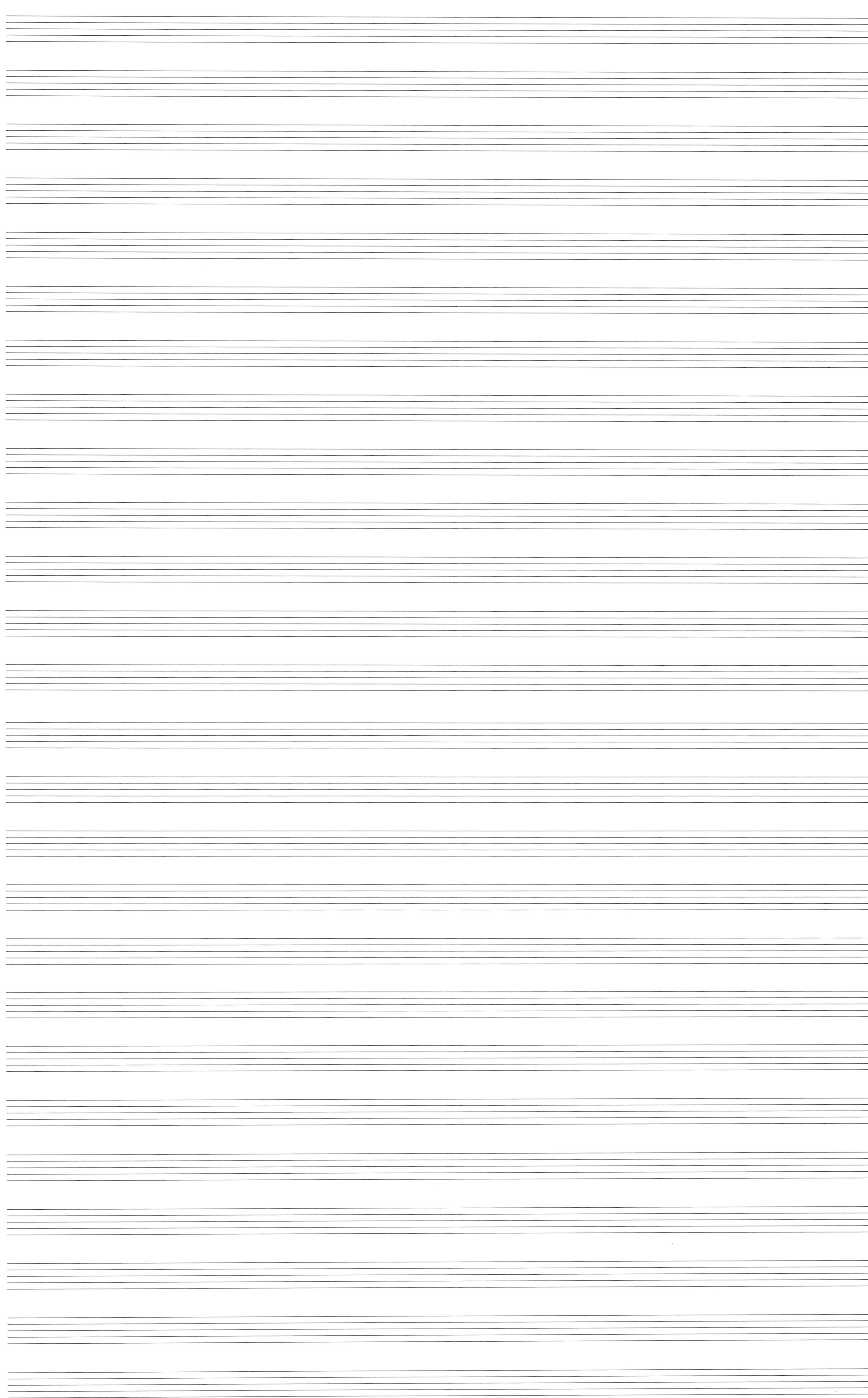

Carta No. 33

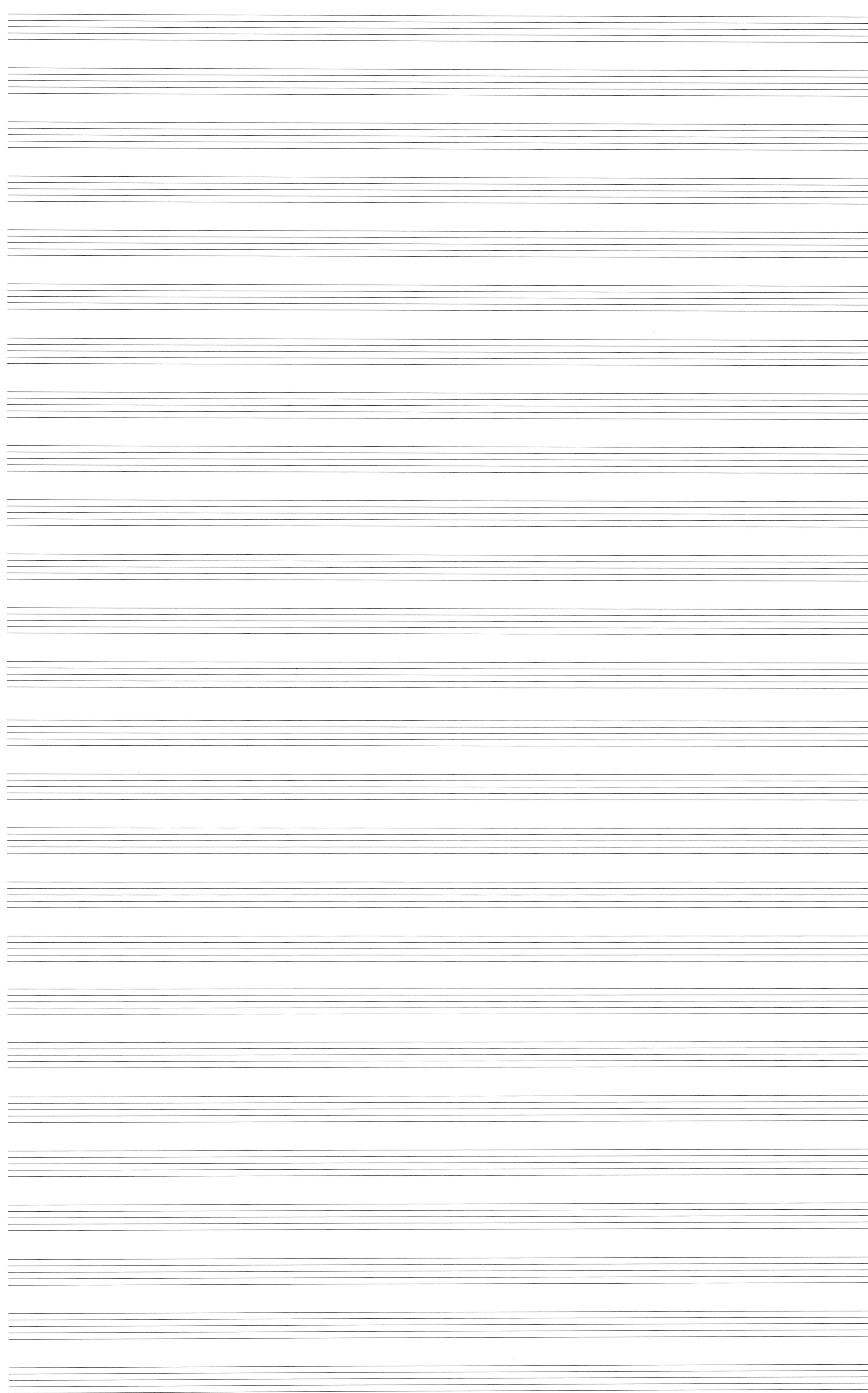

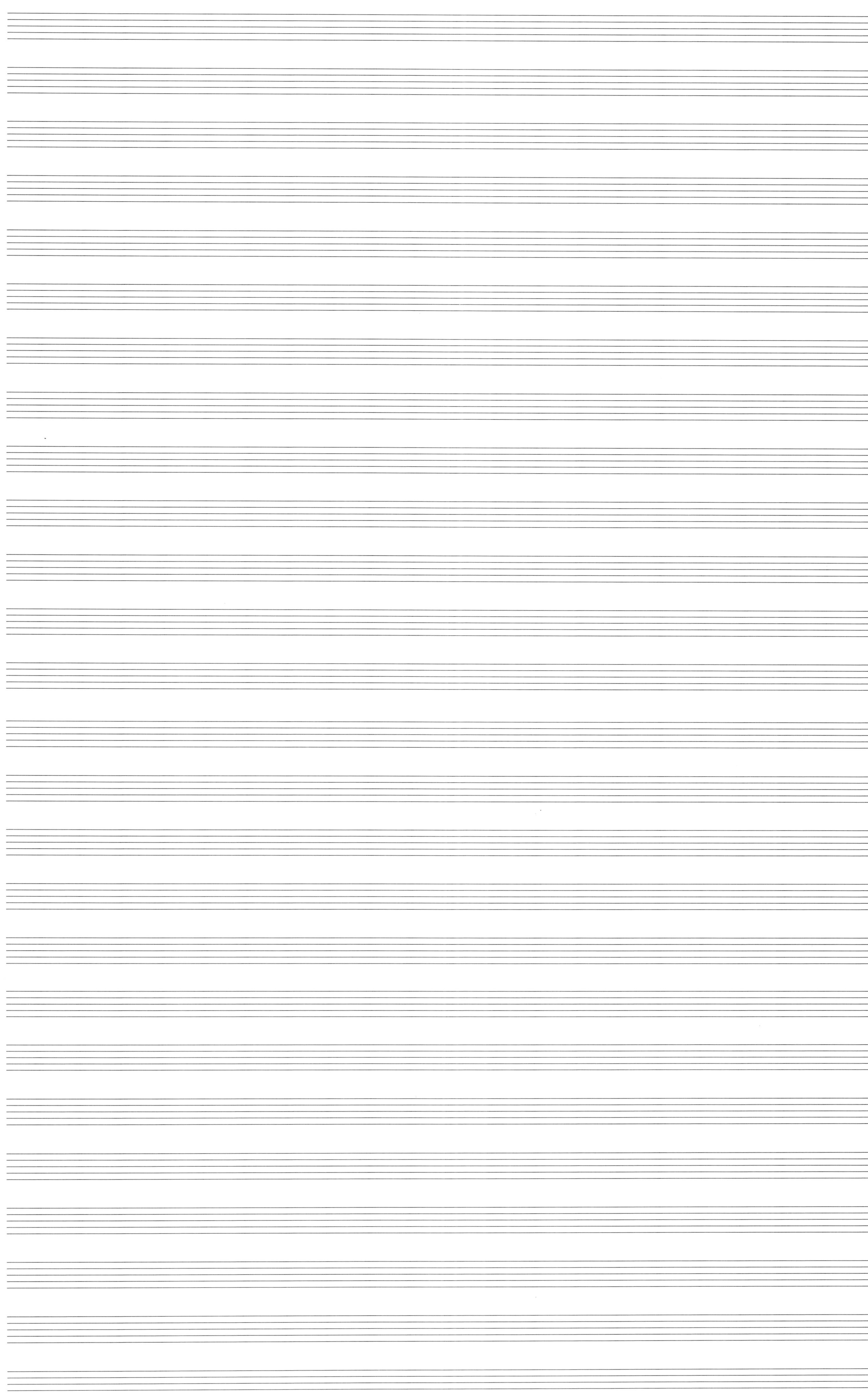

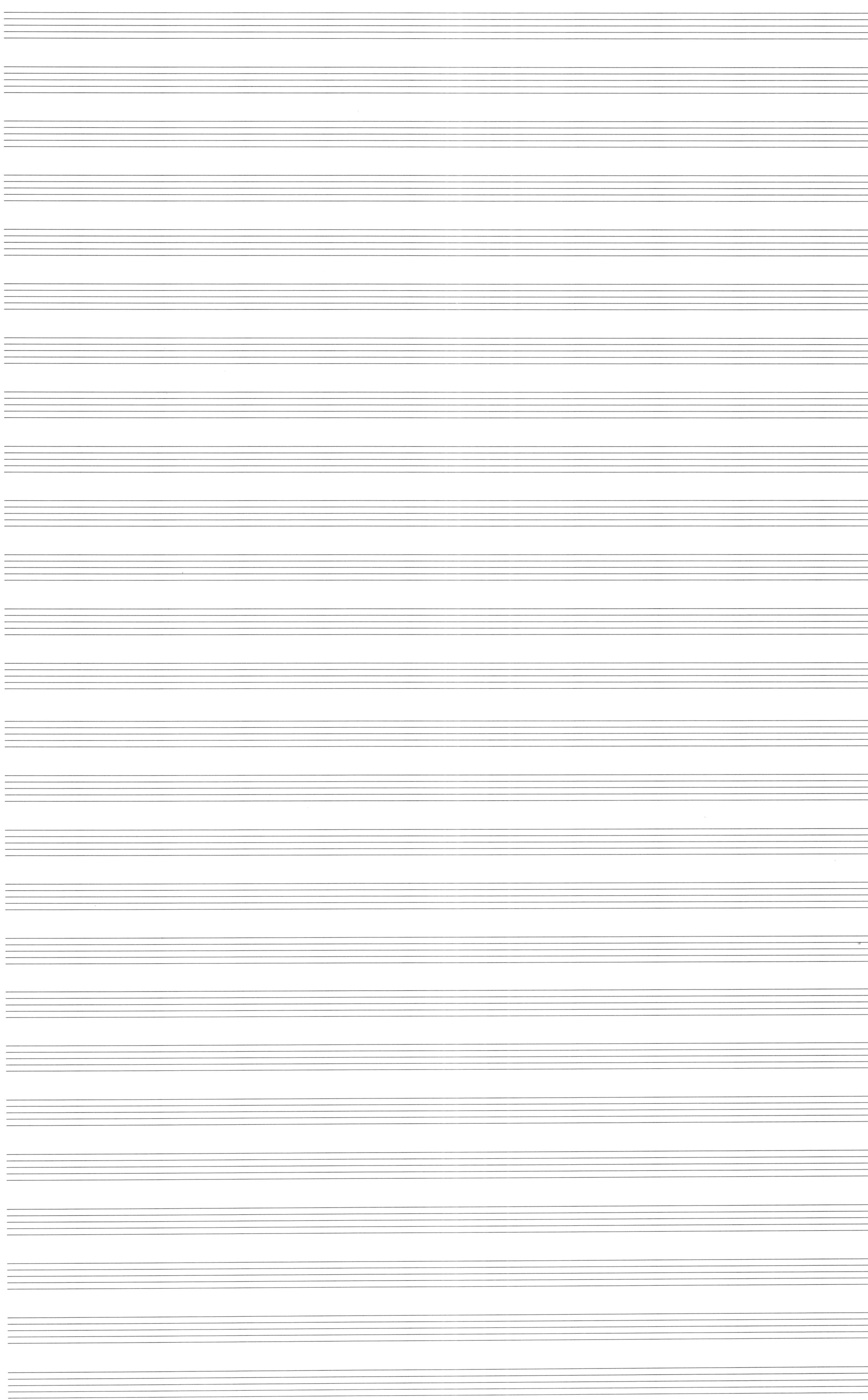

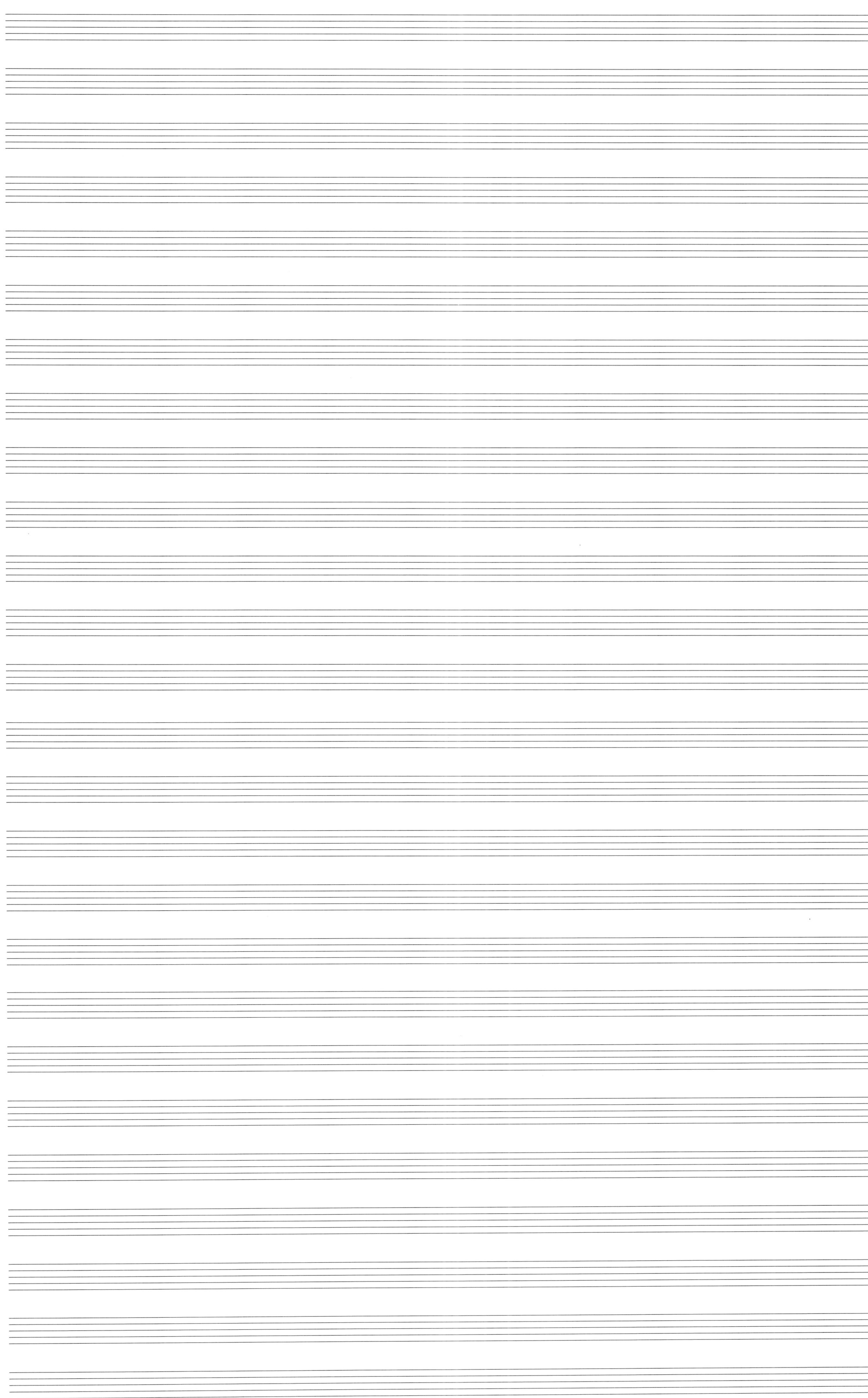

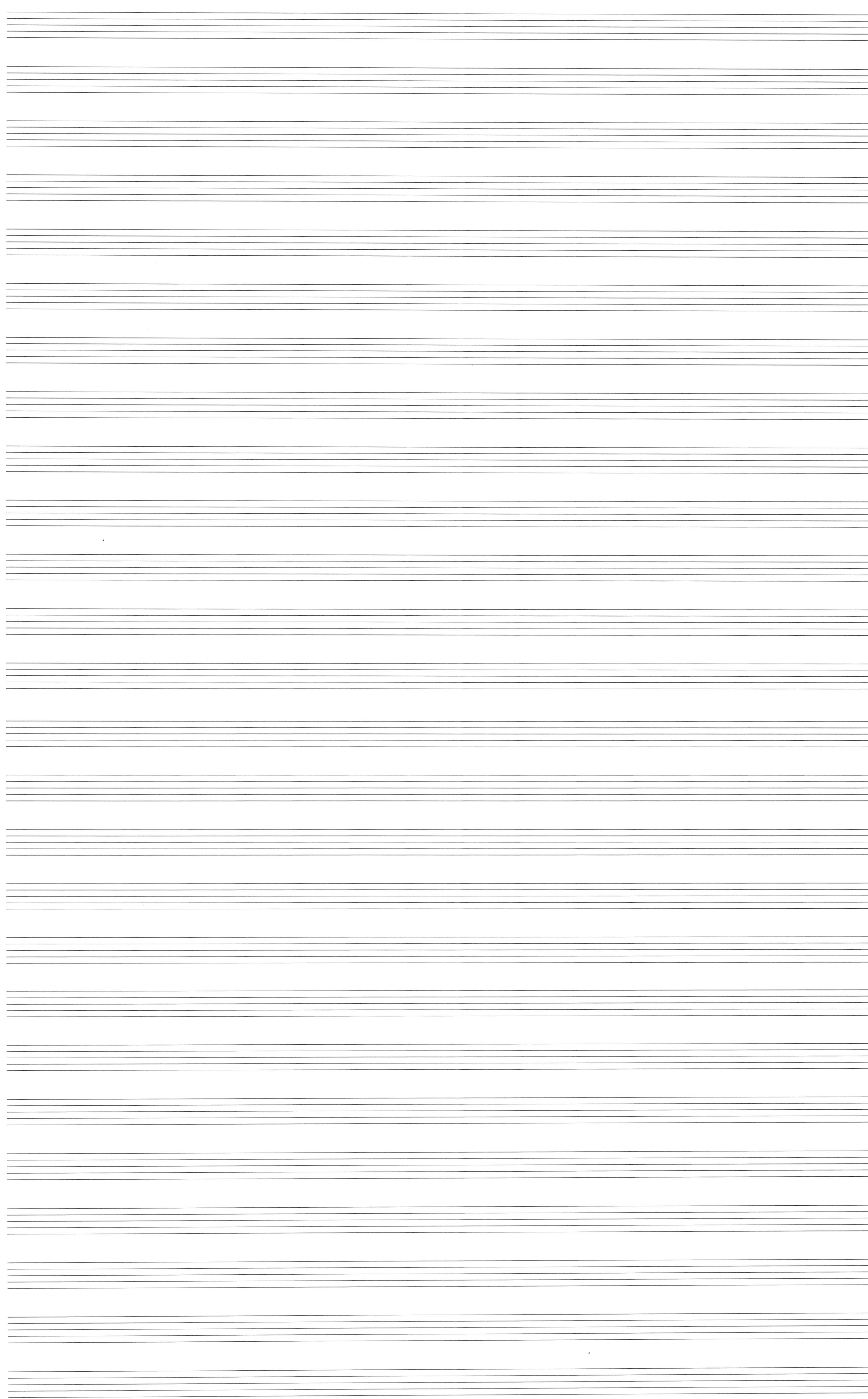

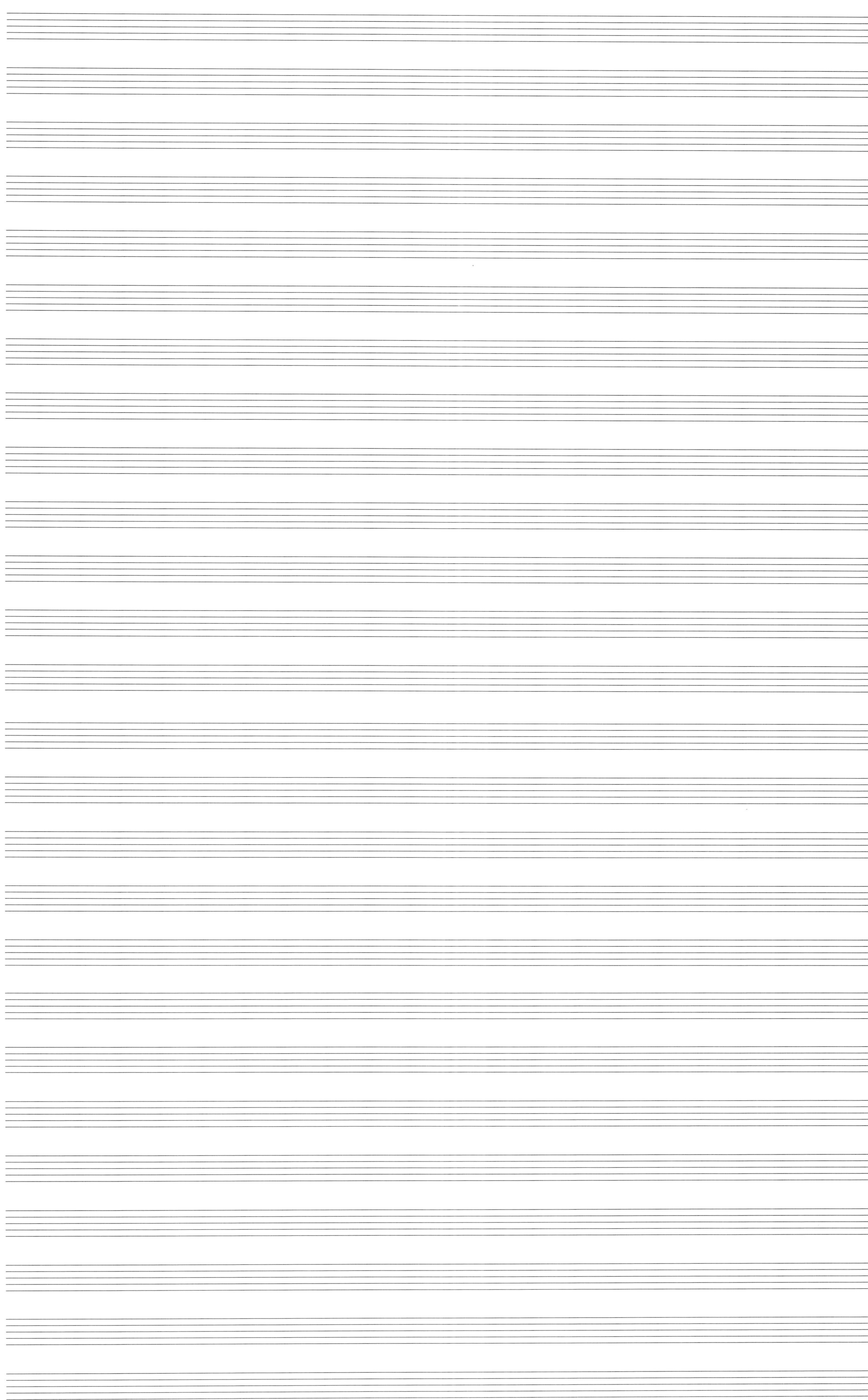

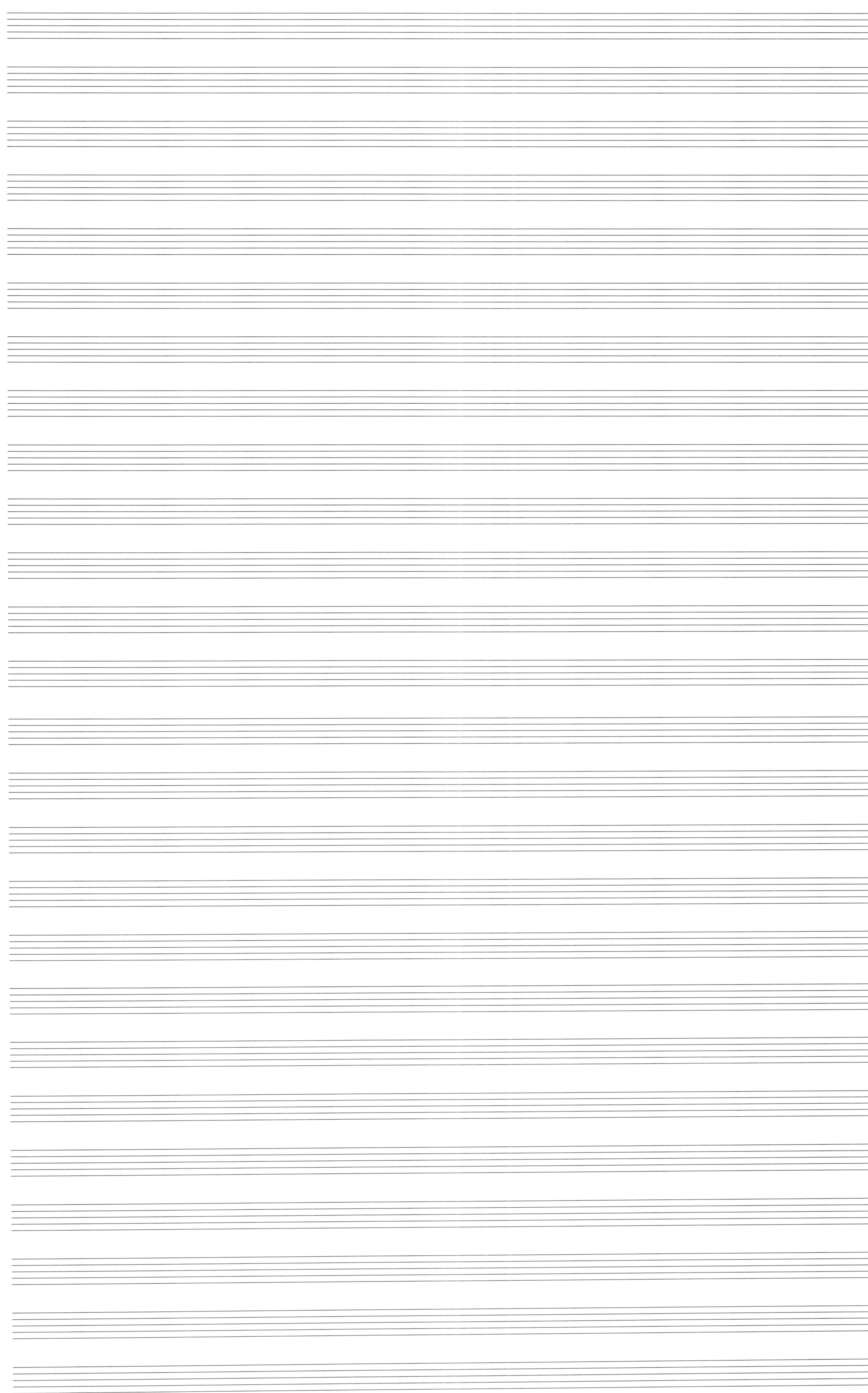
Carta™

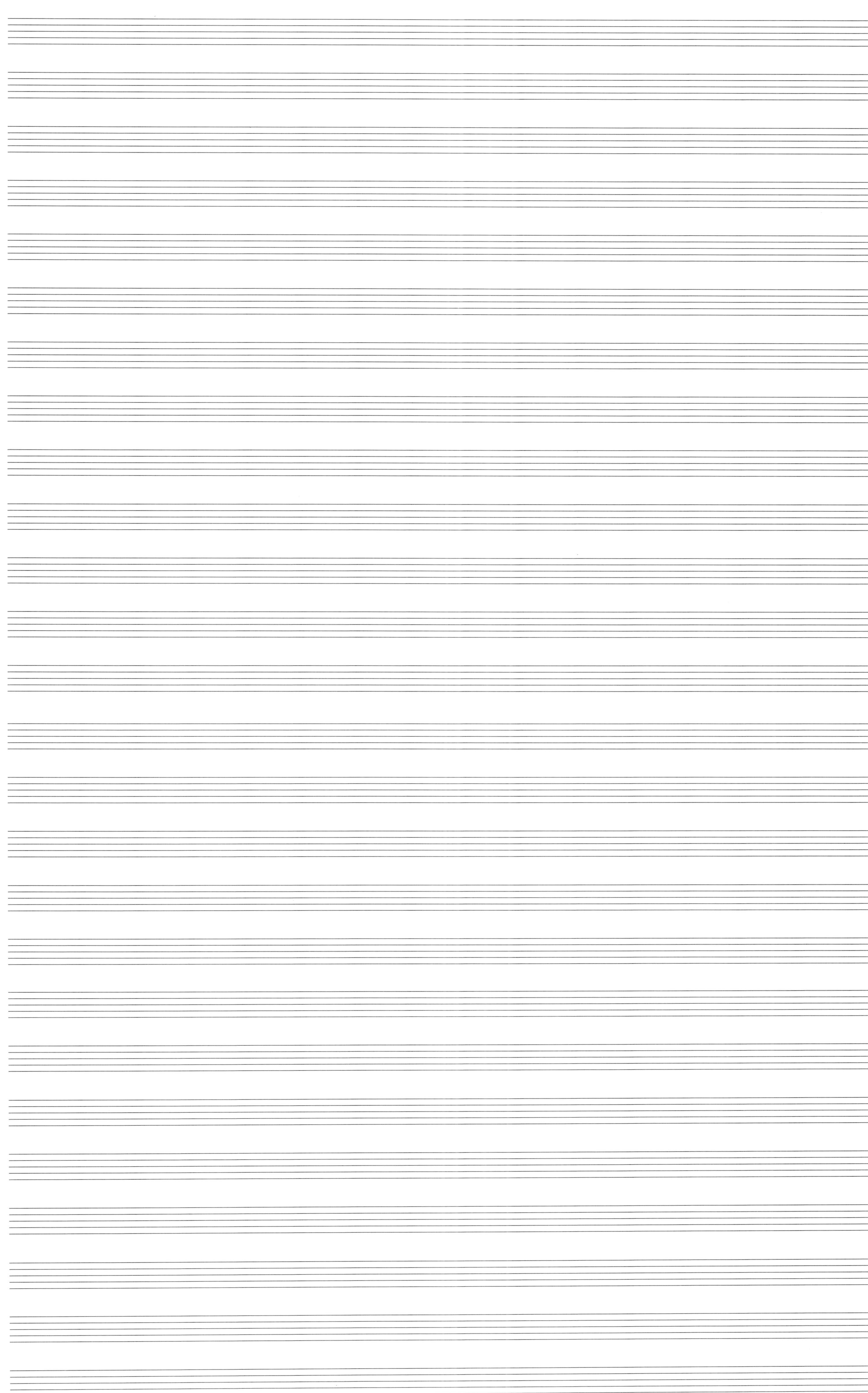
Carta No. 23

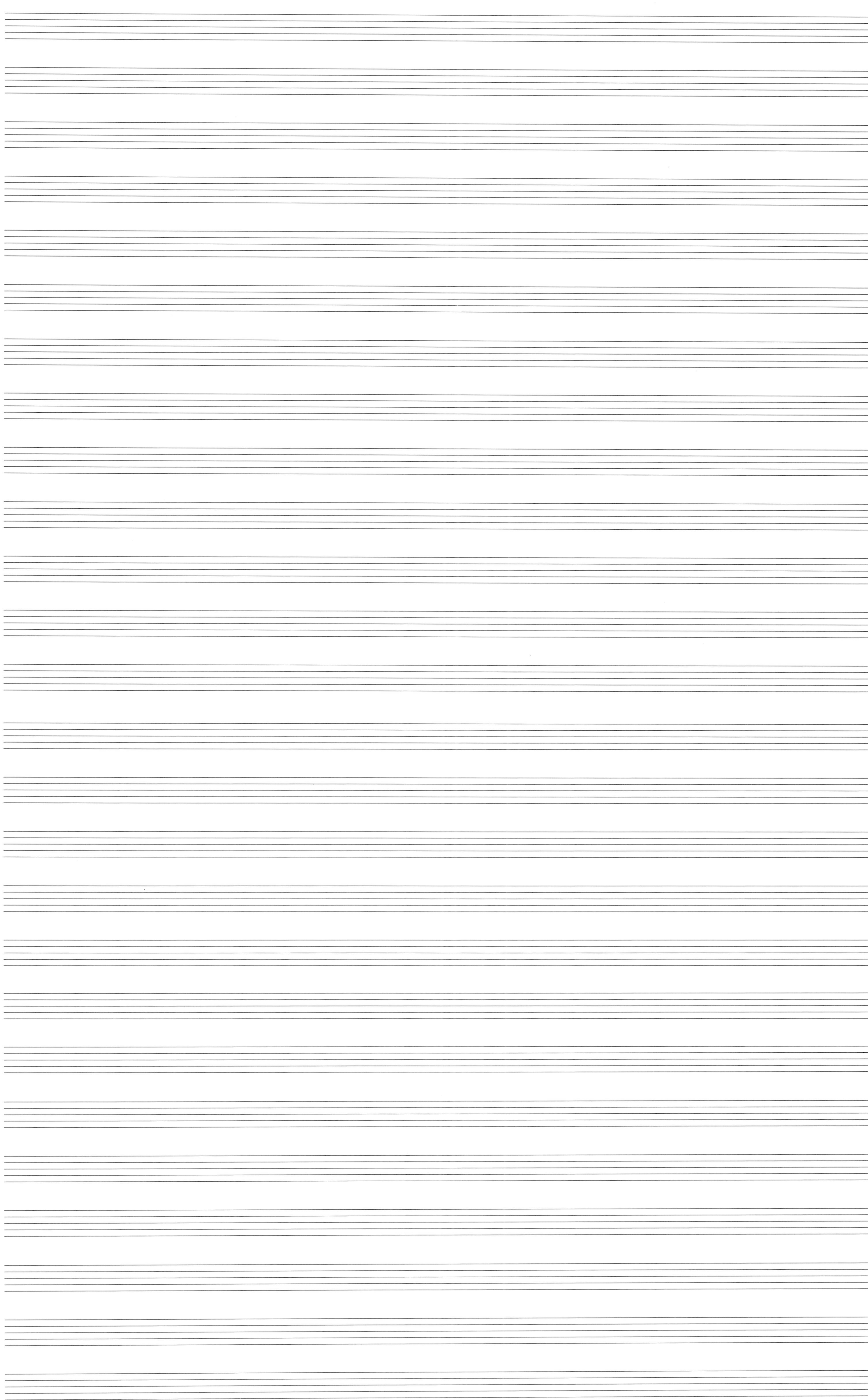
Carta™

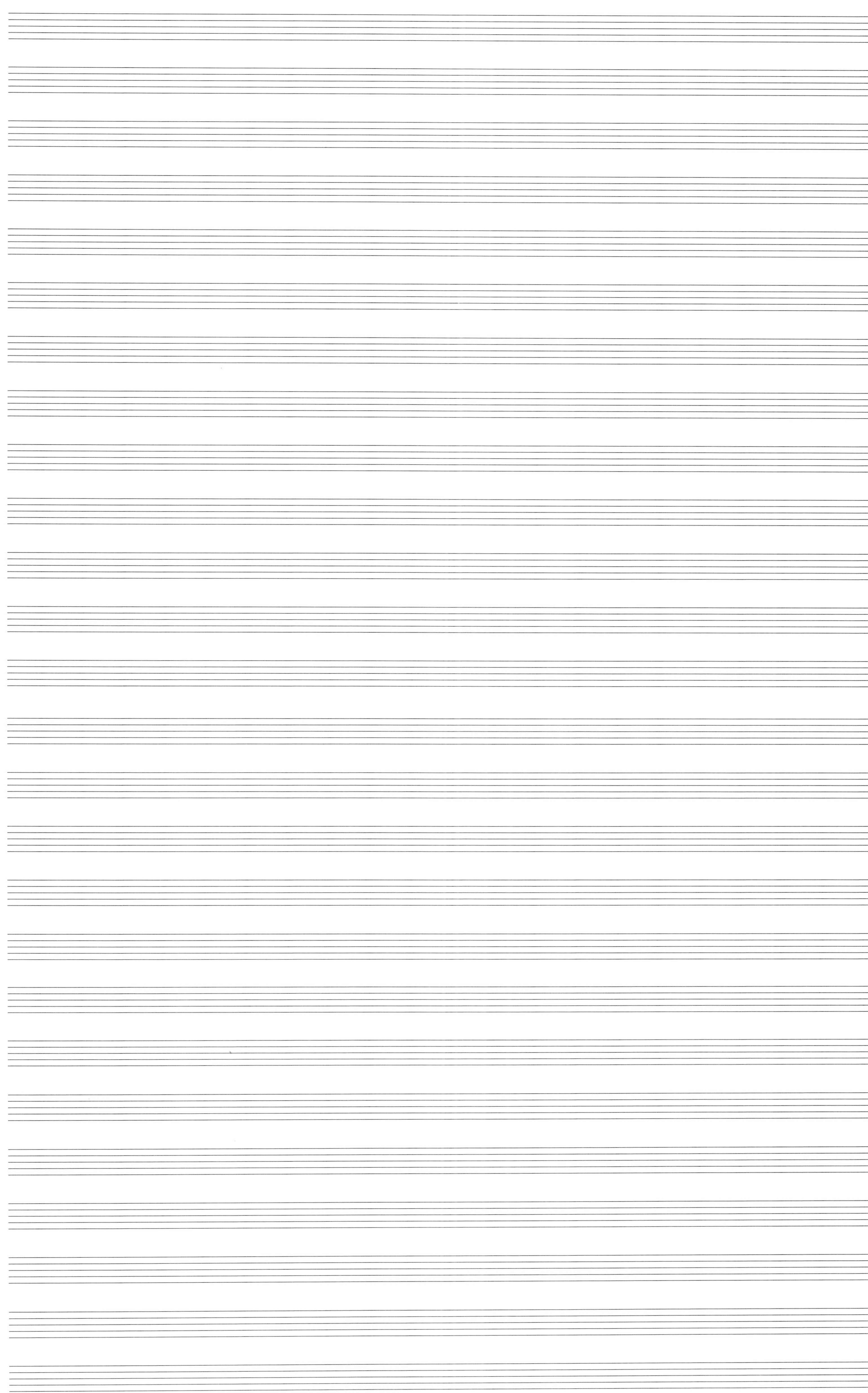

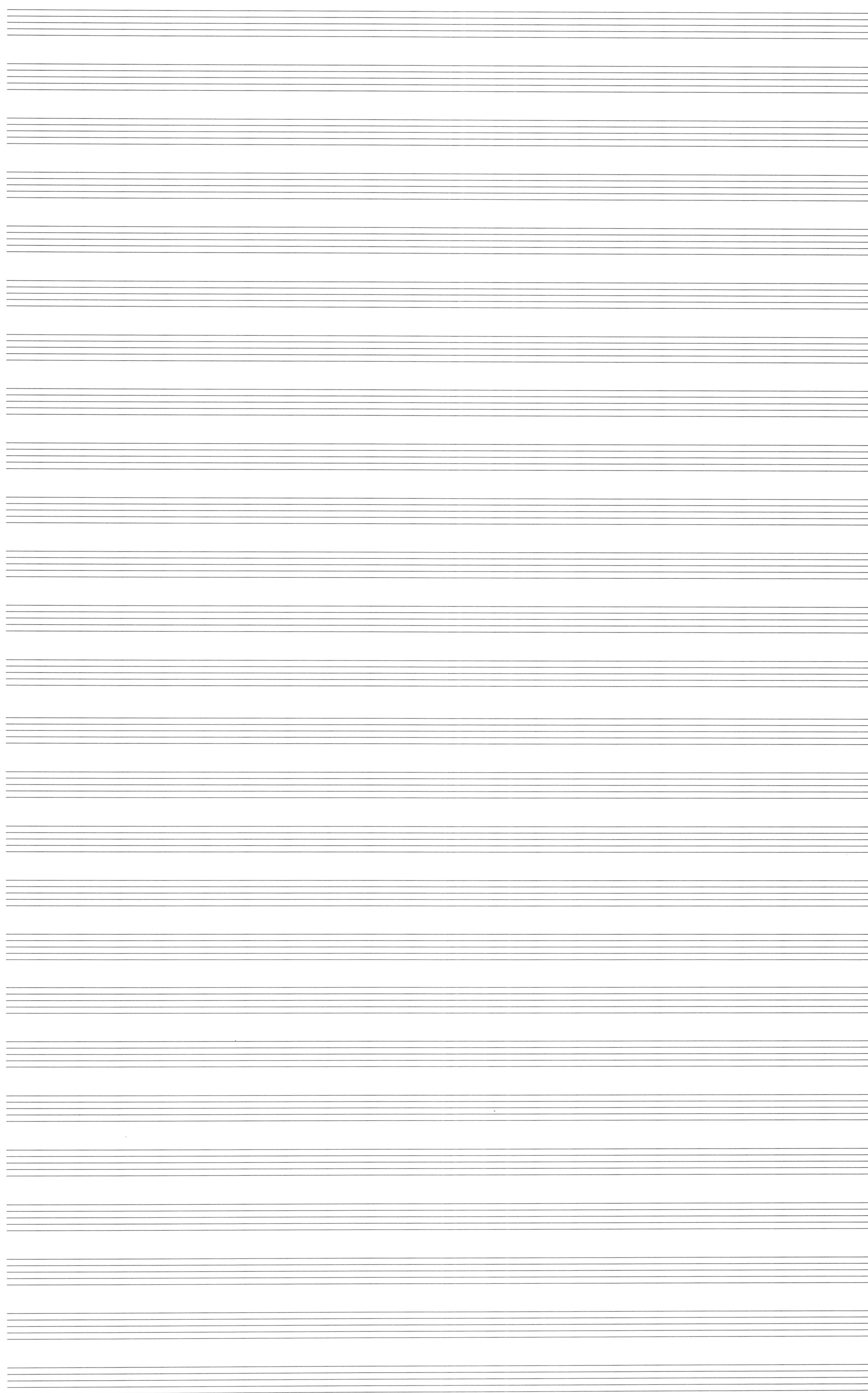

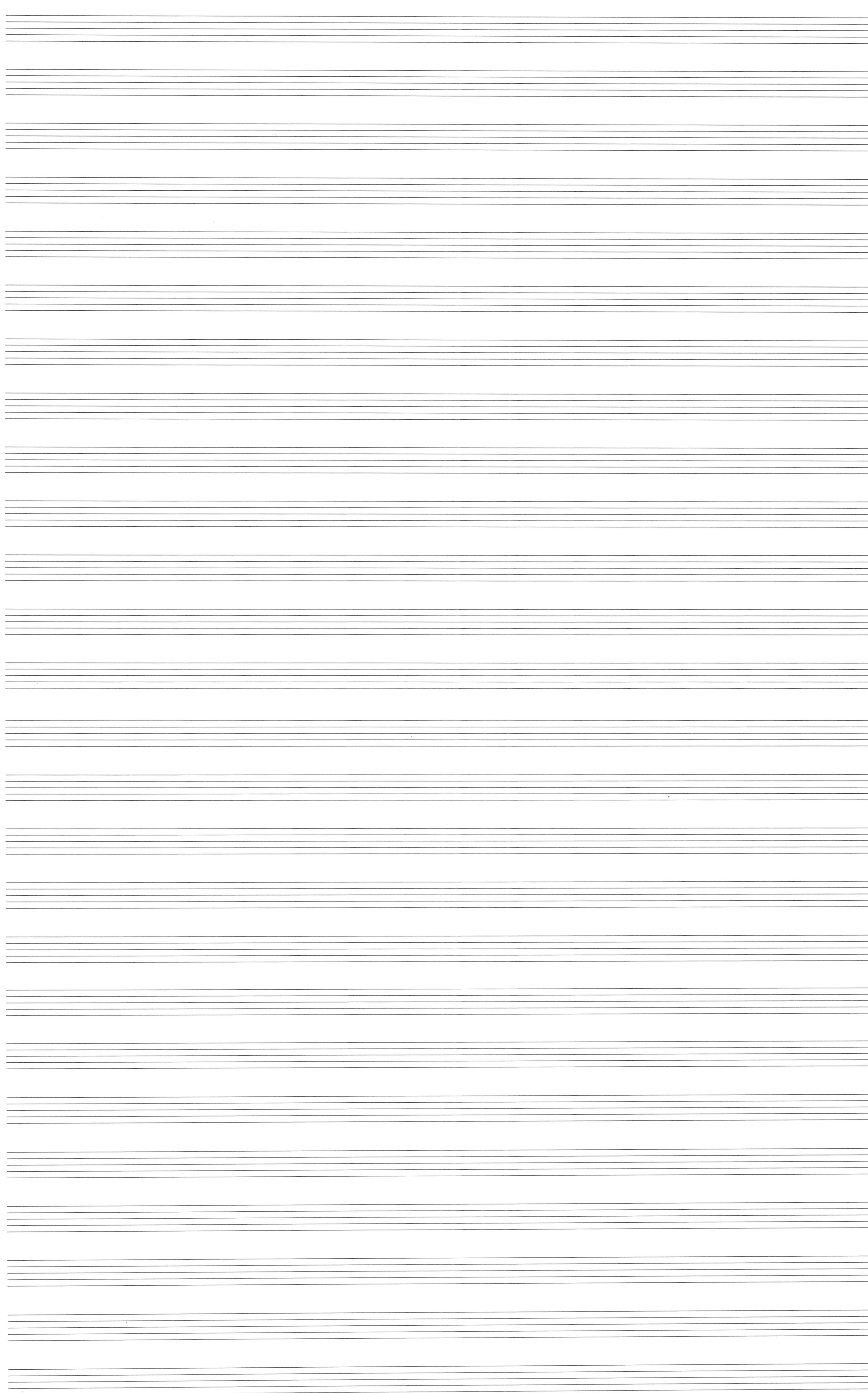

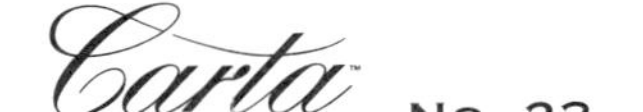
Carta

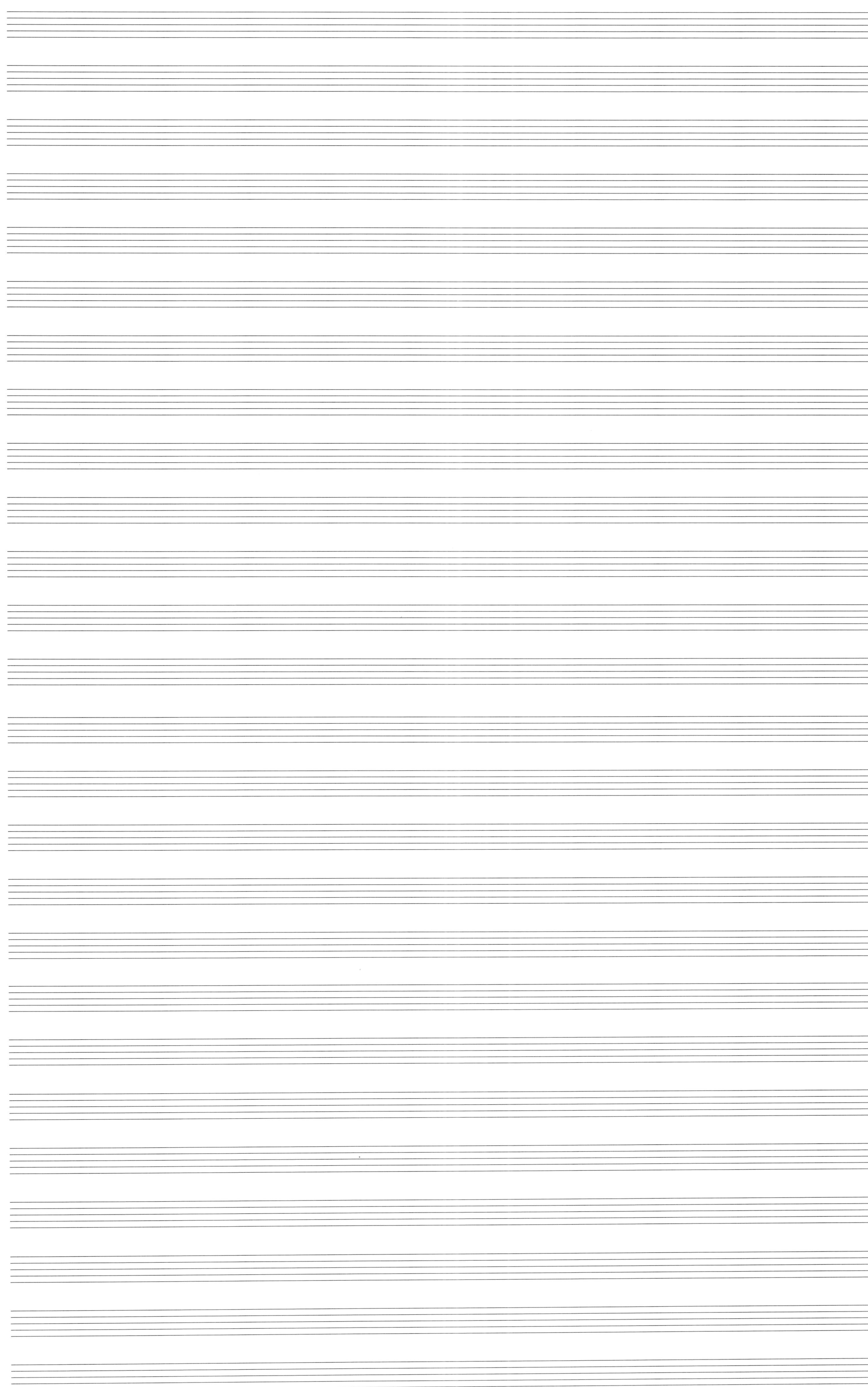

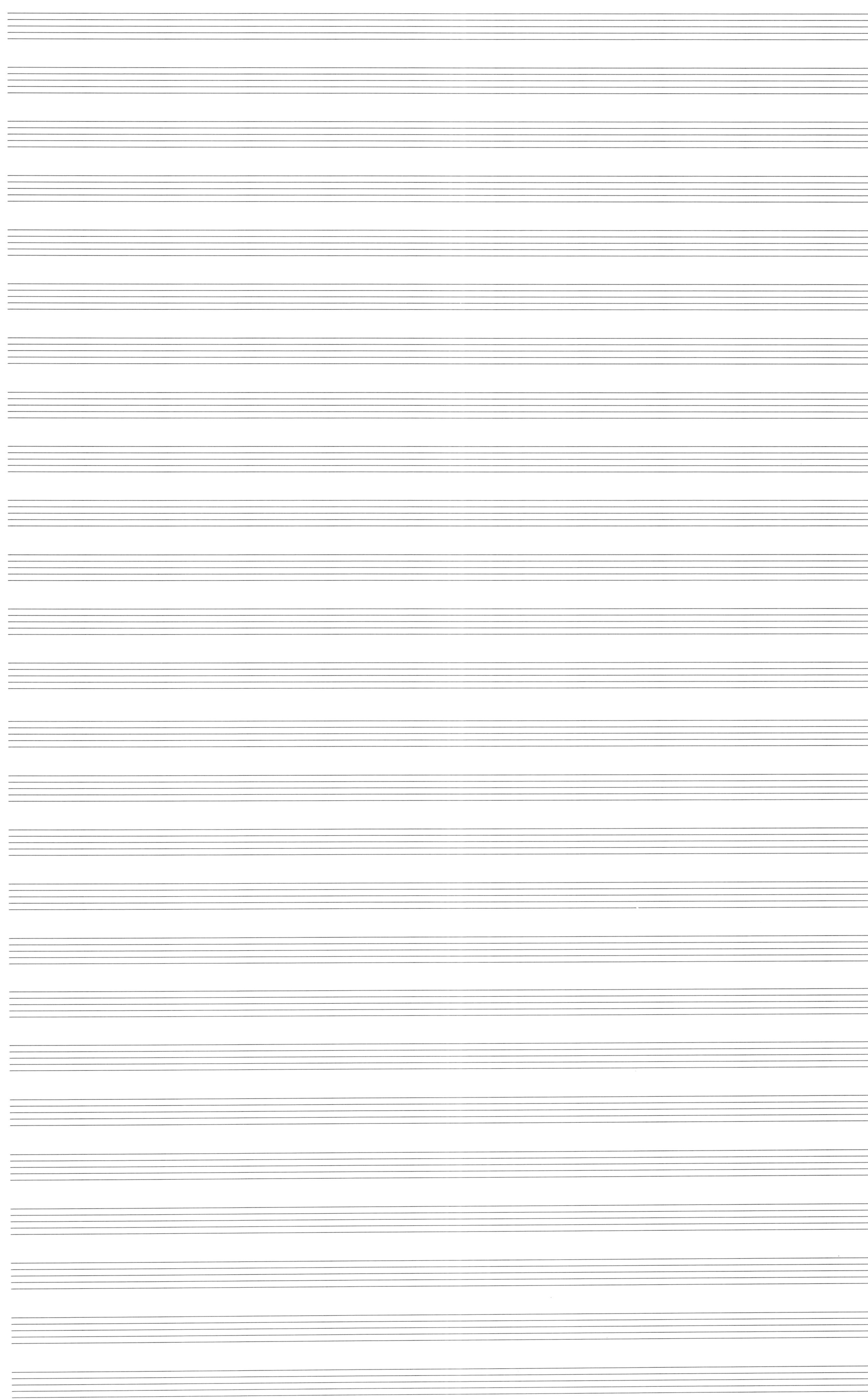

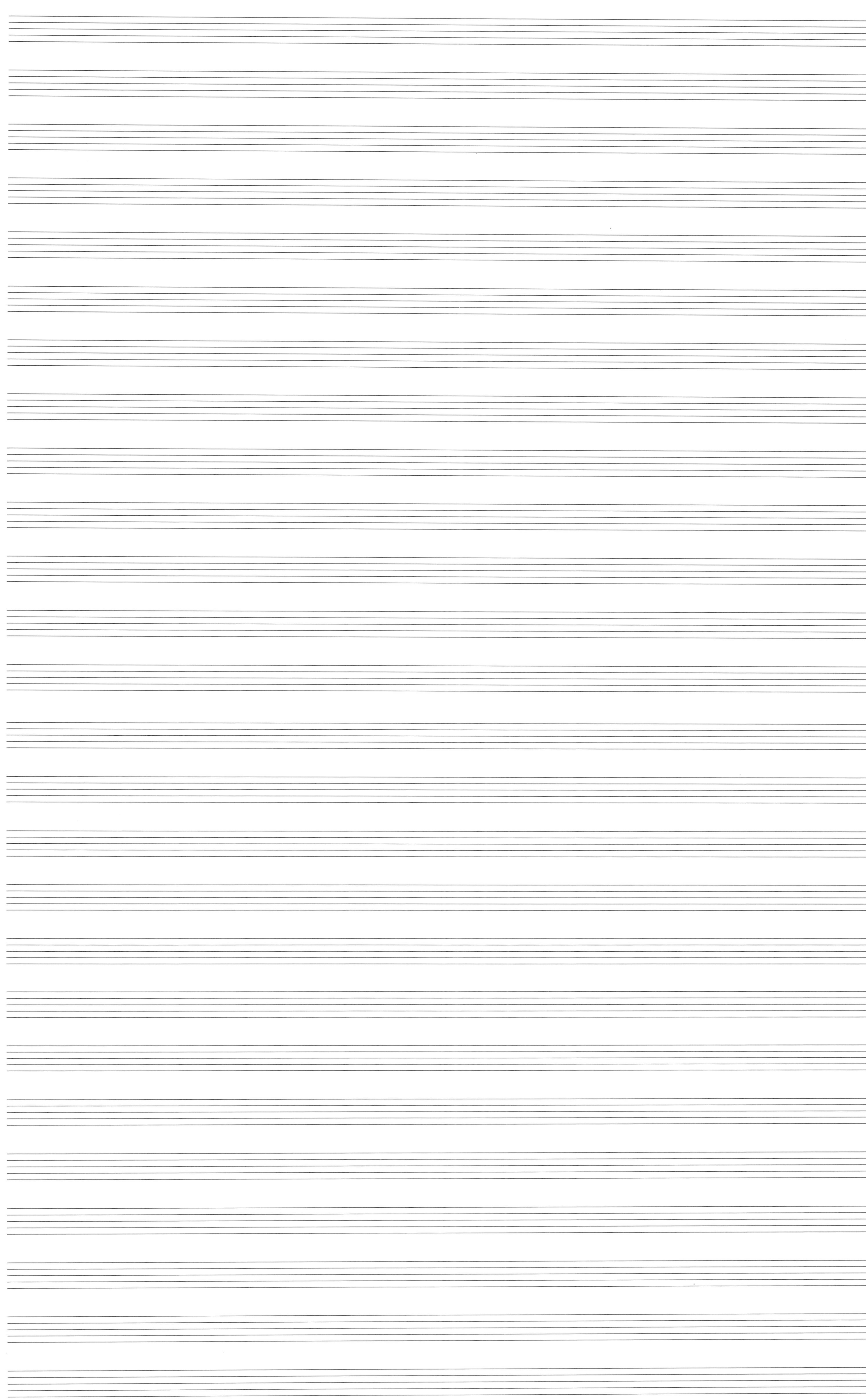

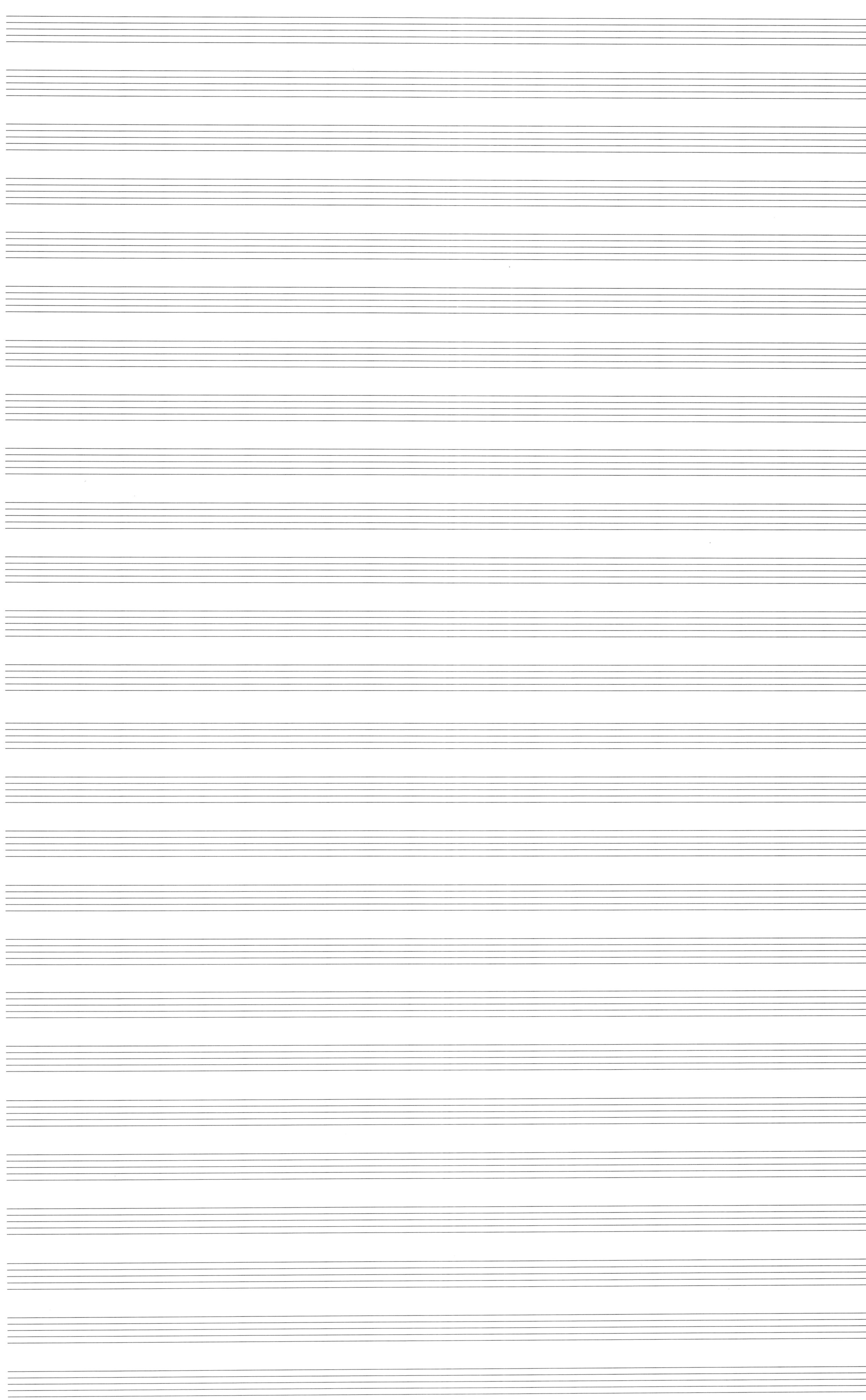

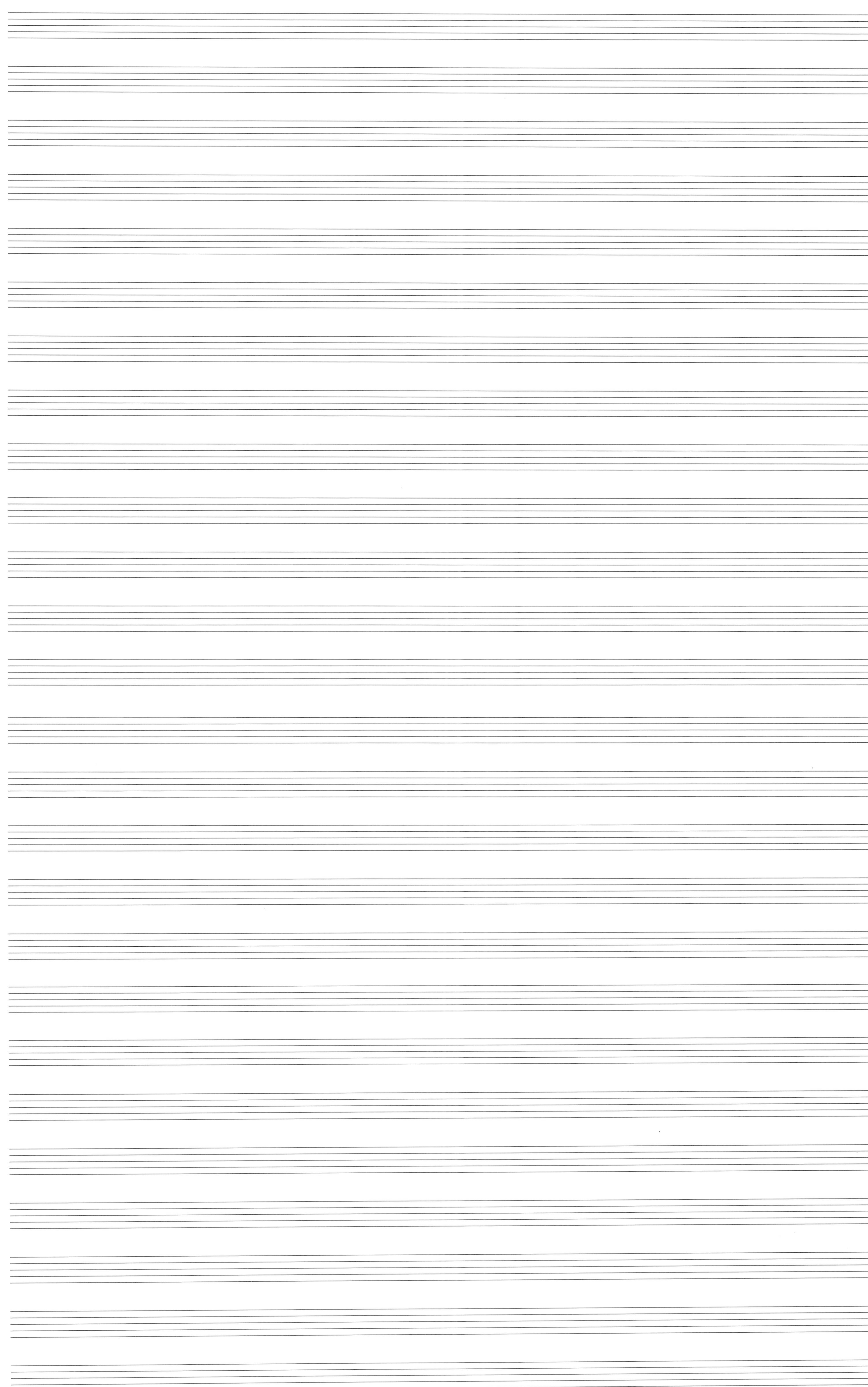

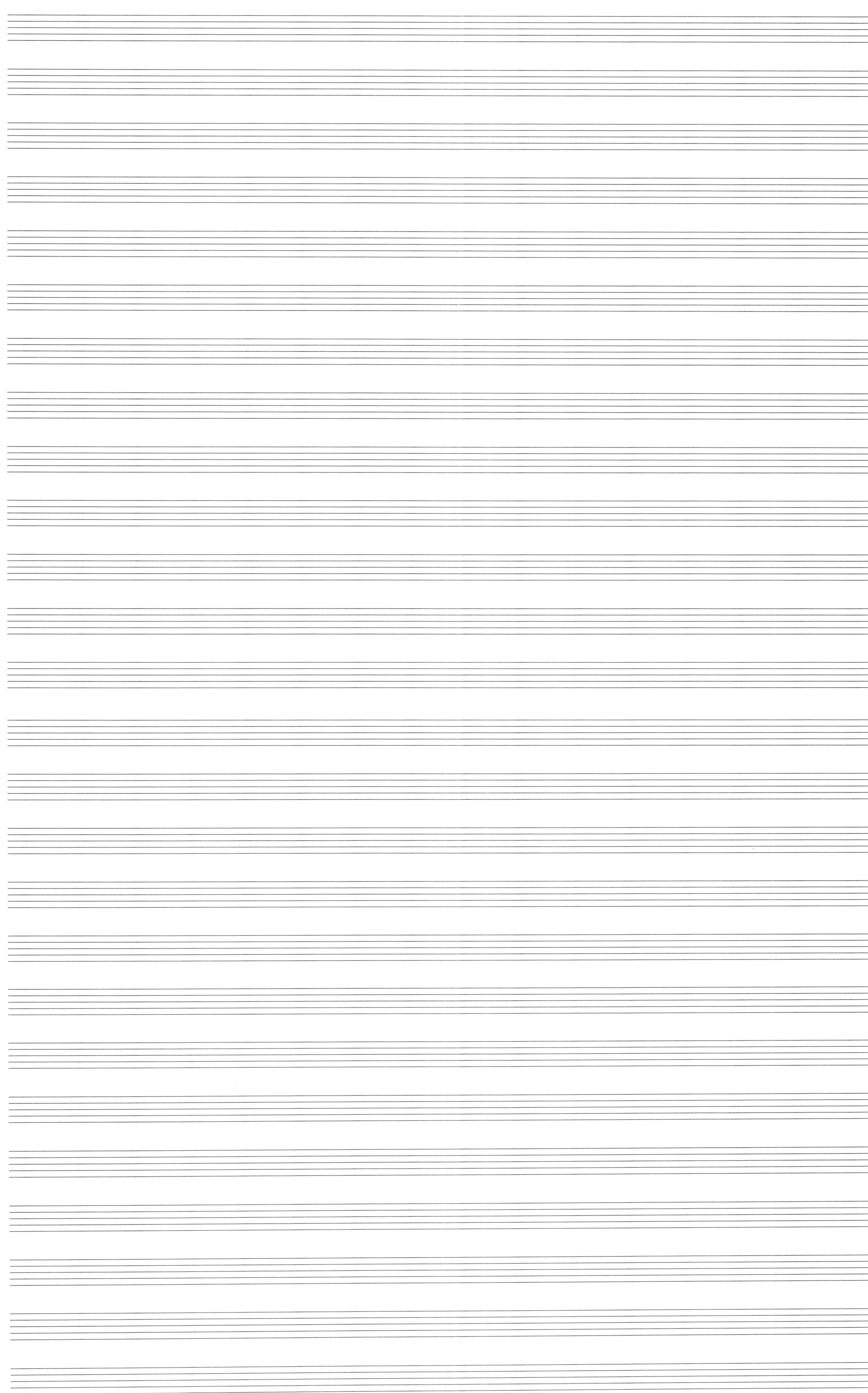
Carta™ No. 23

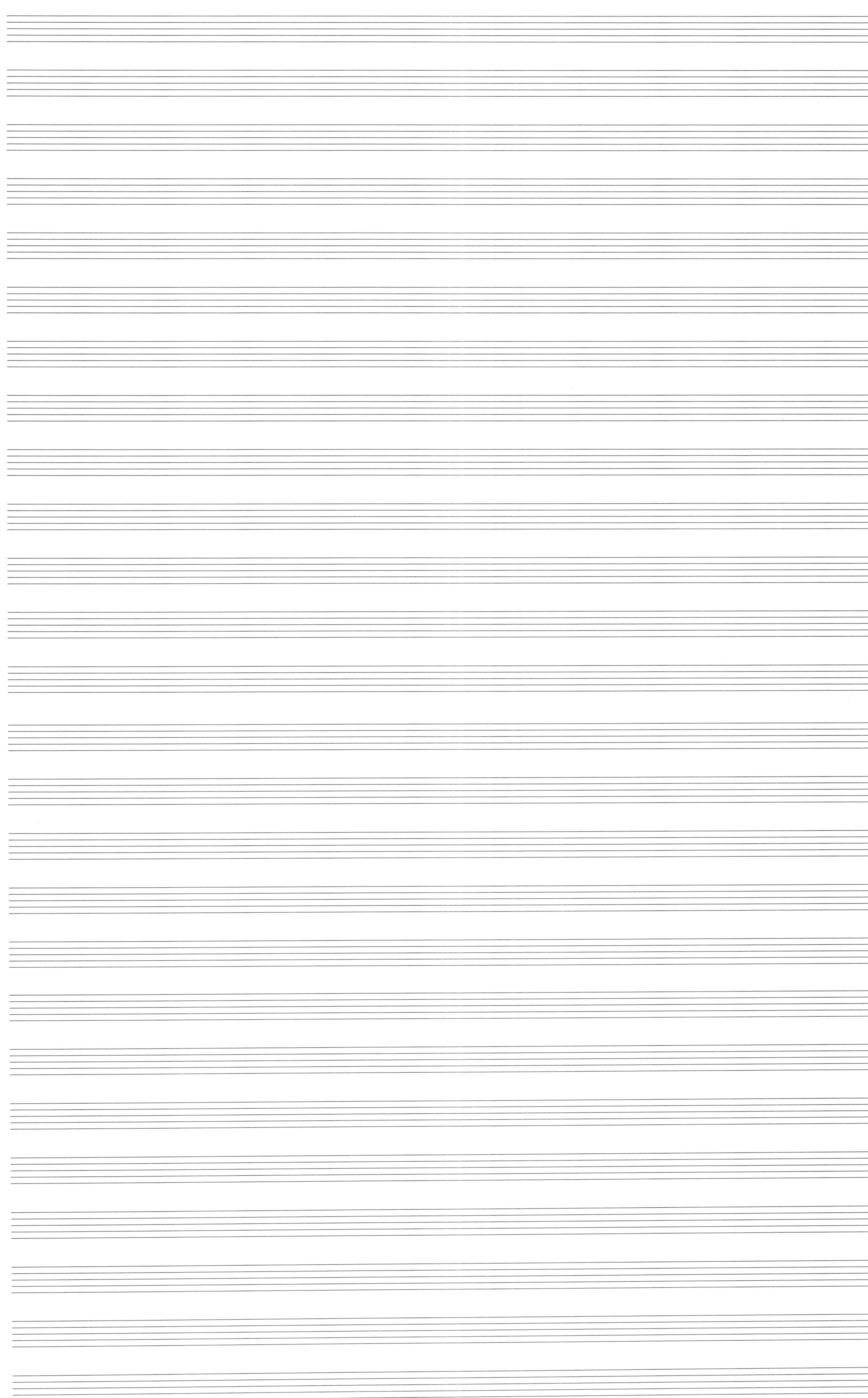

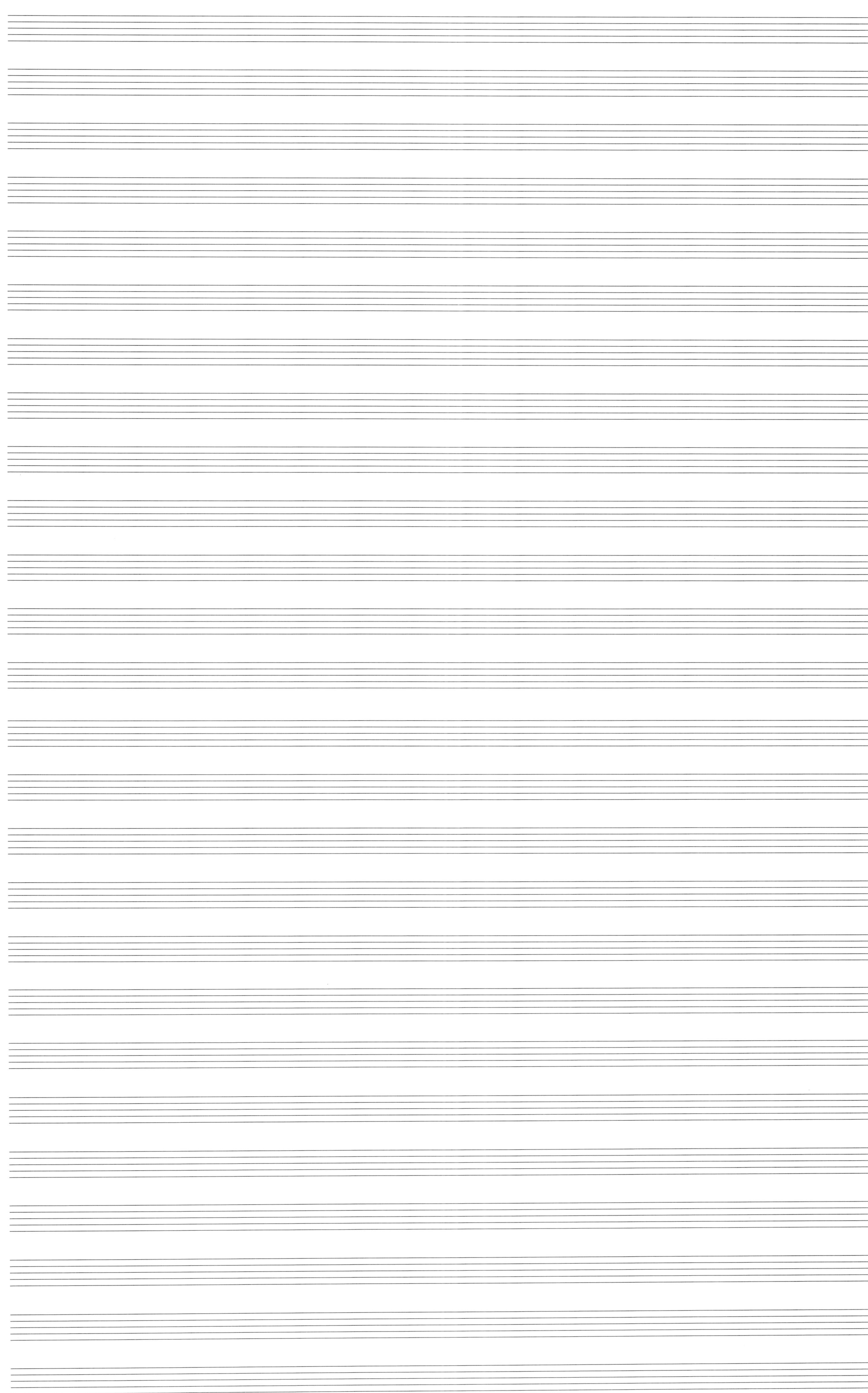

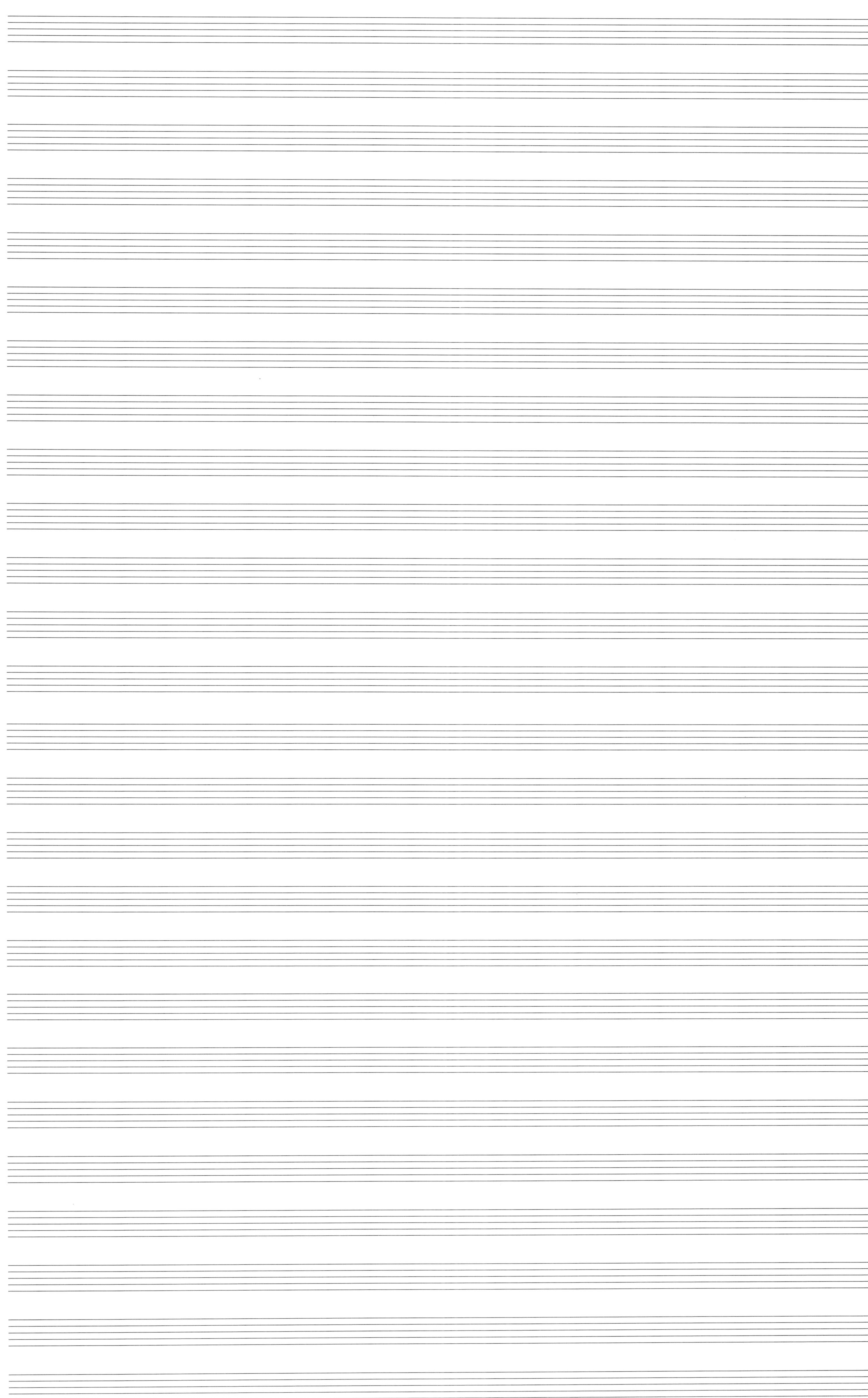

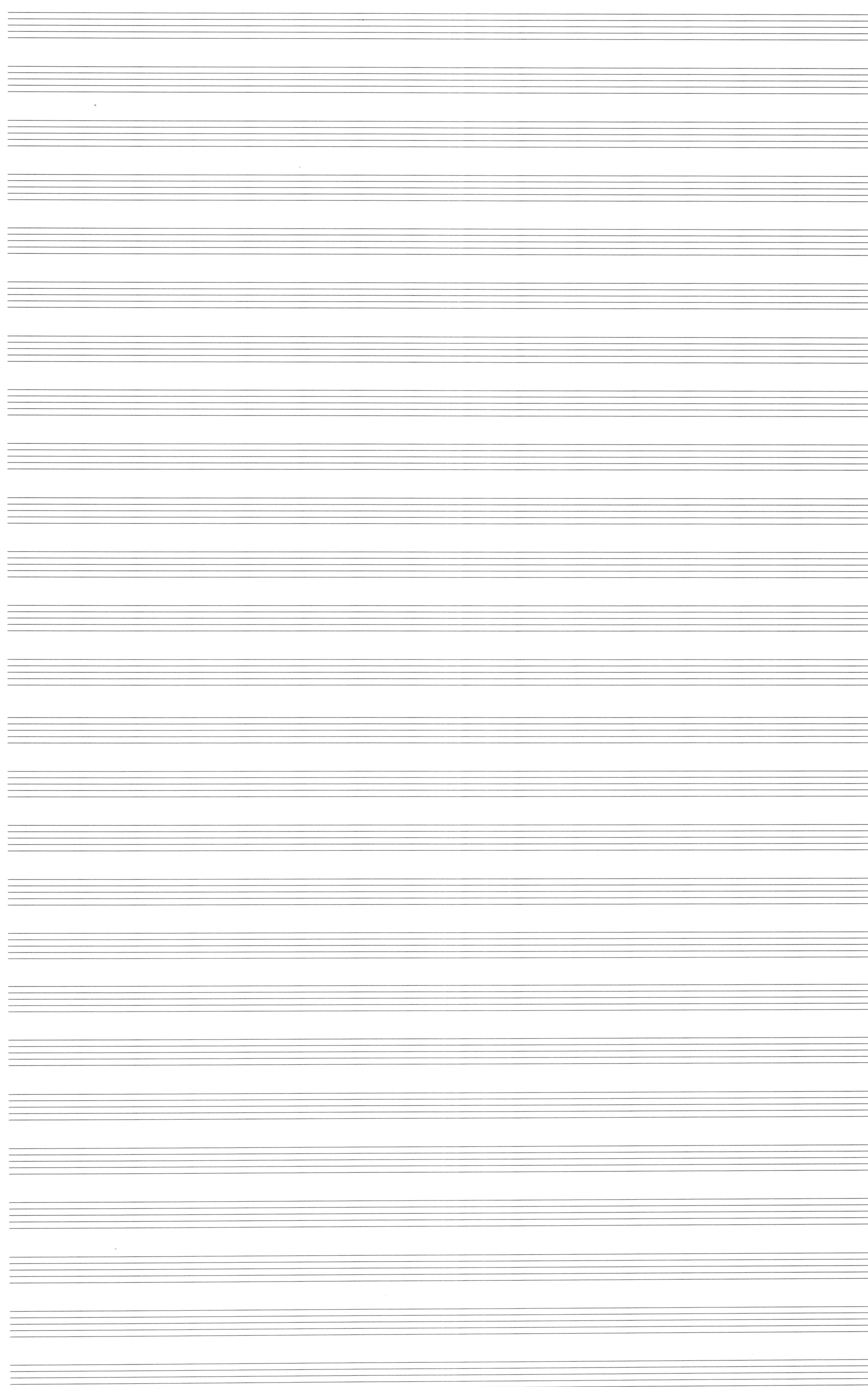

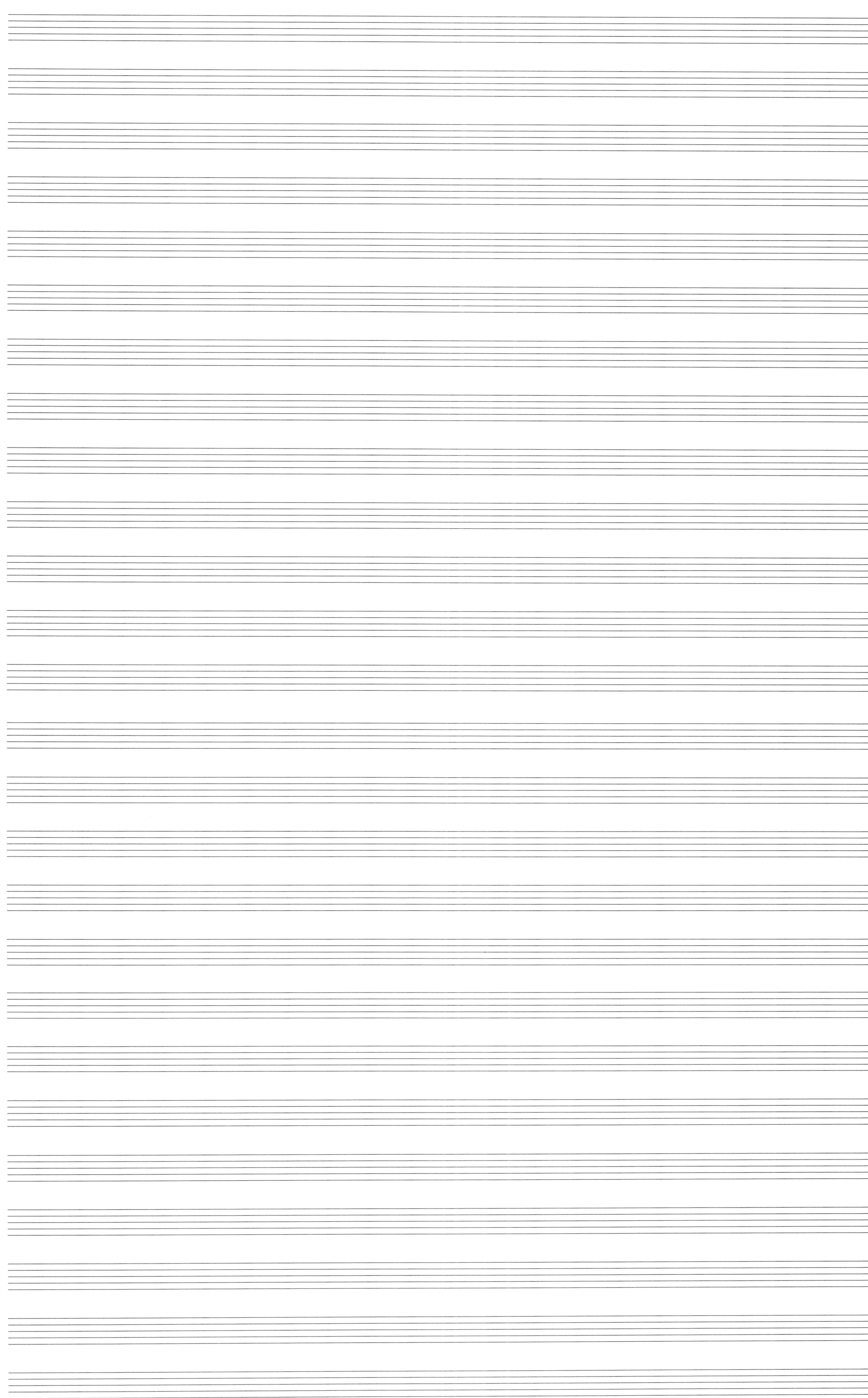

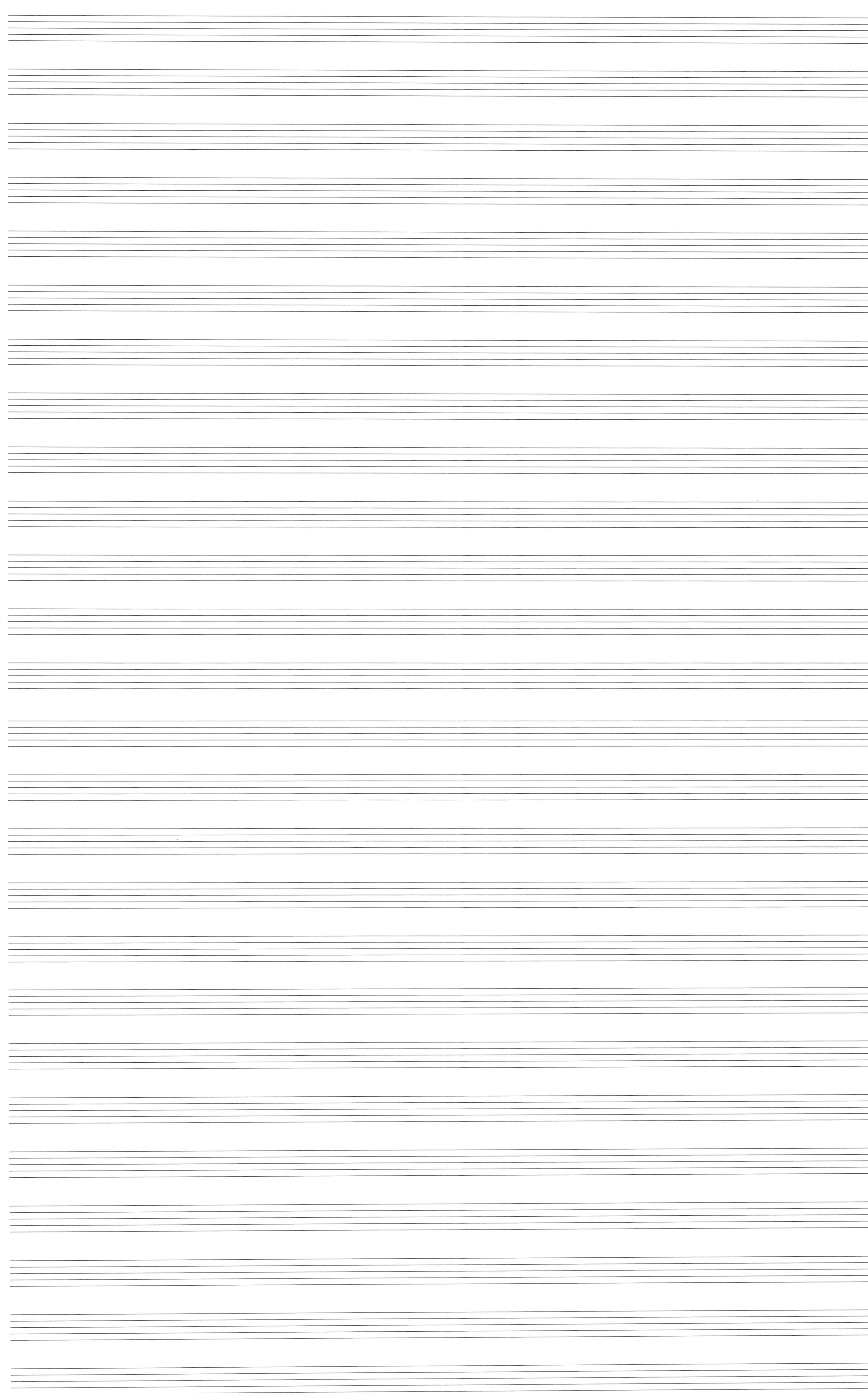

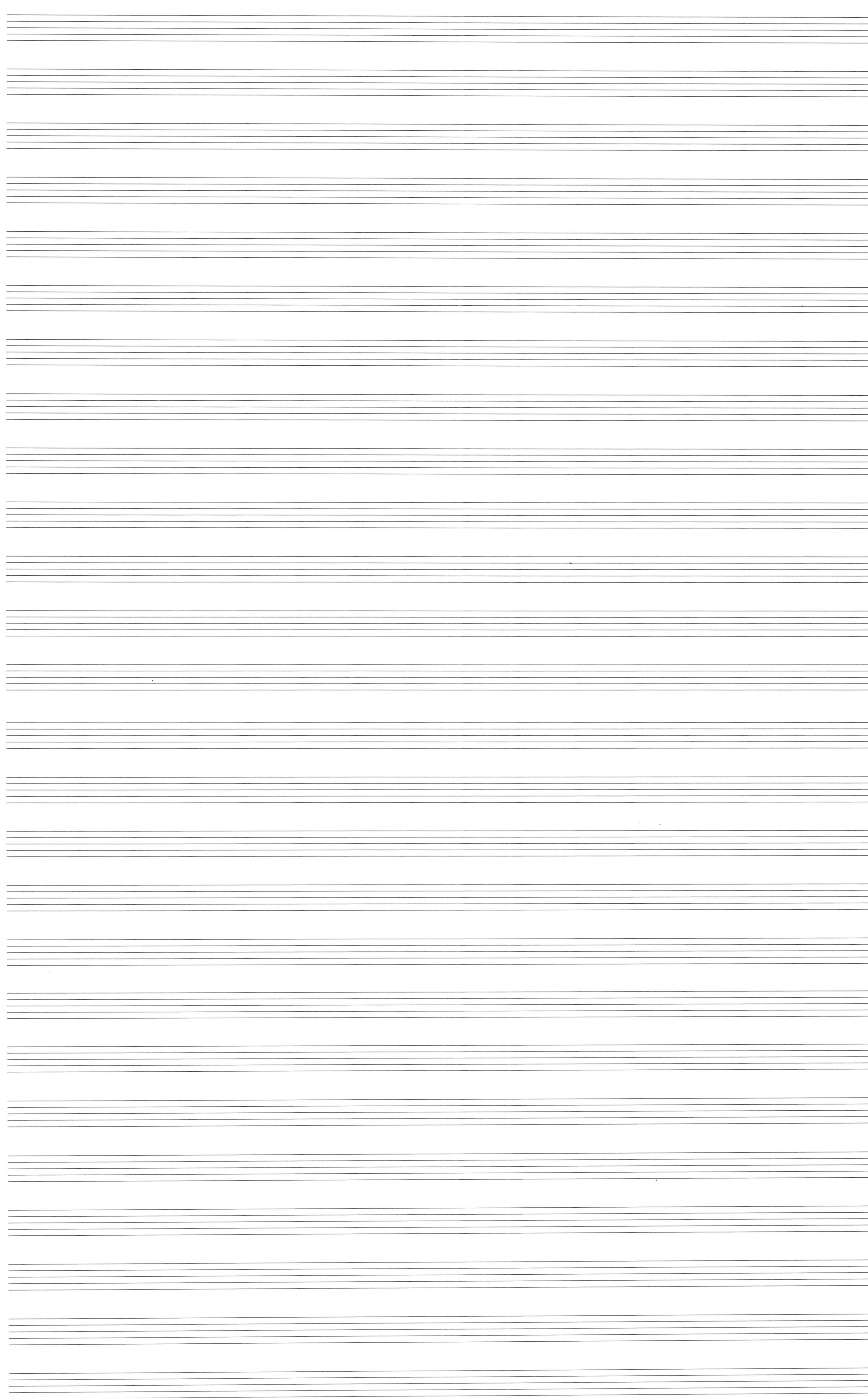

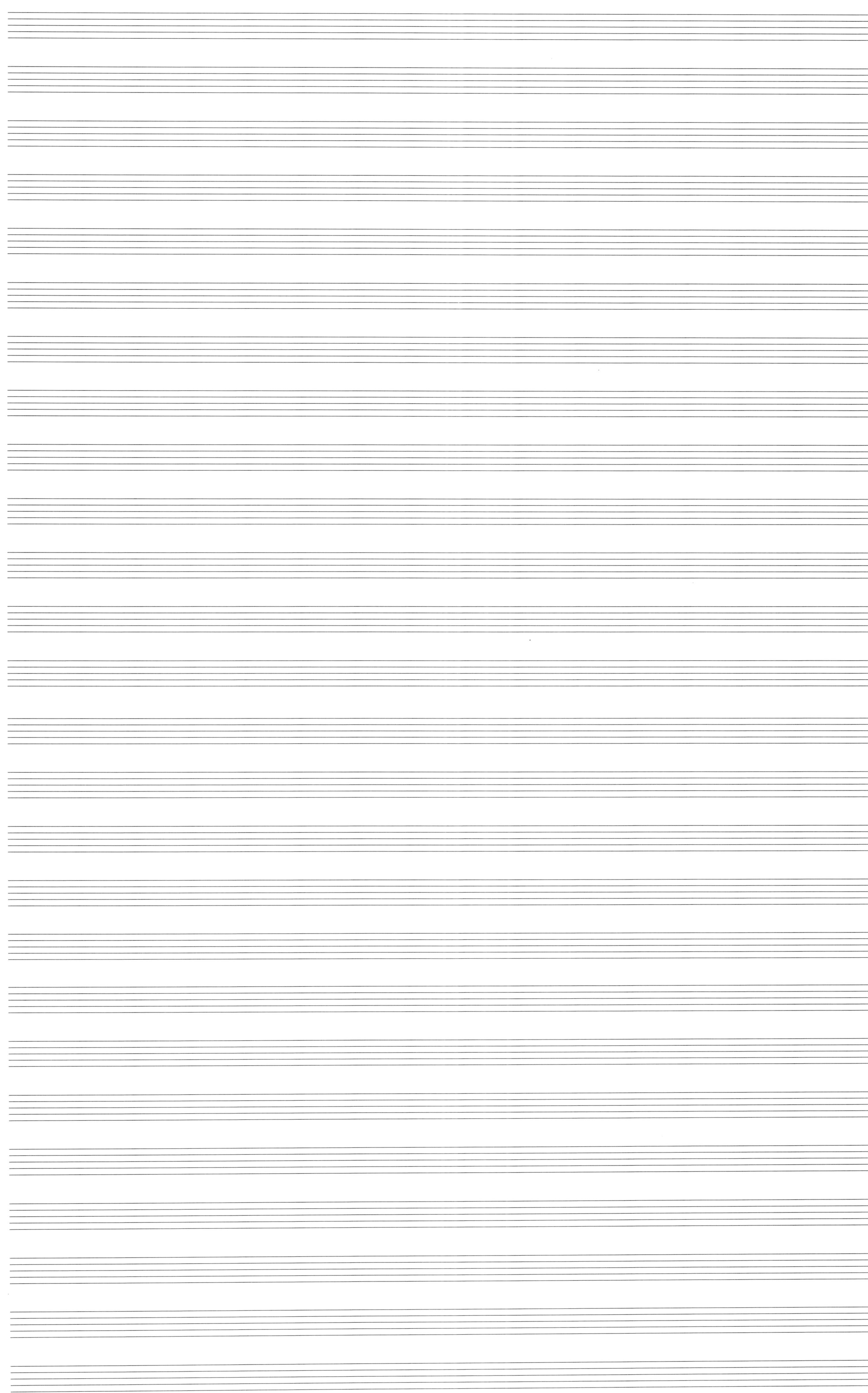

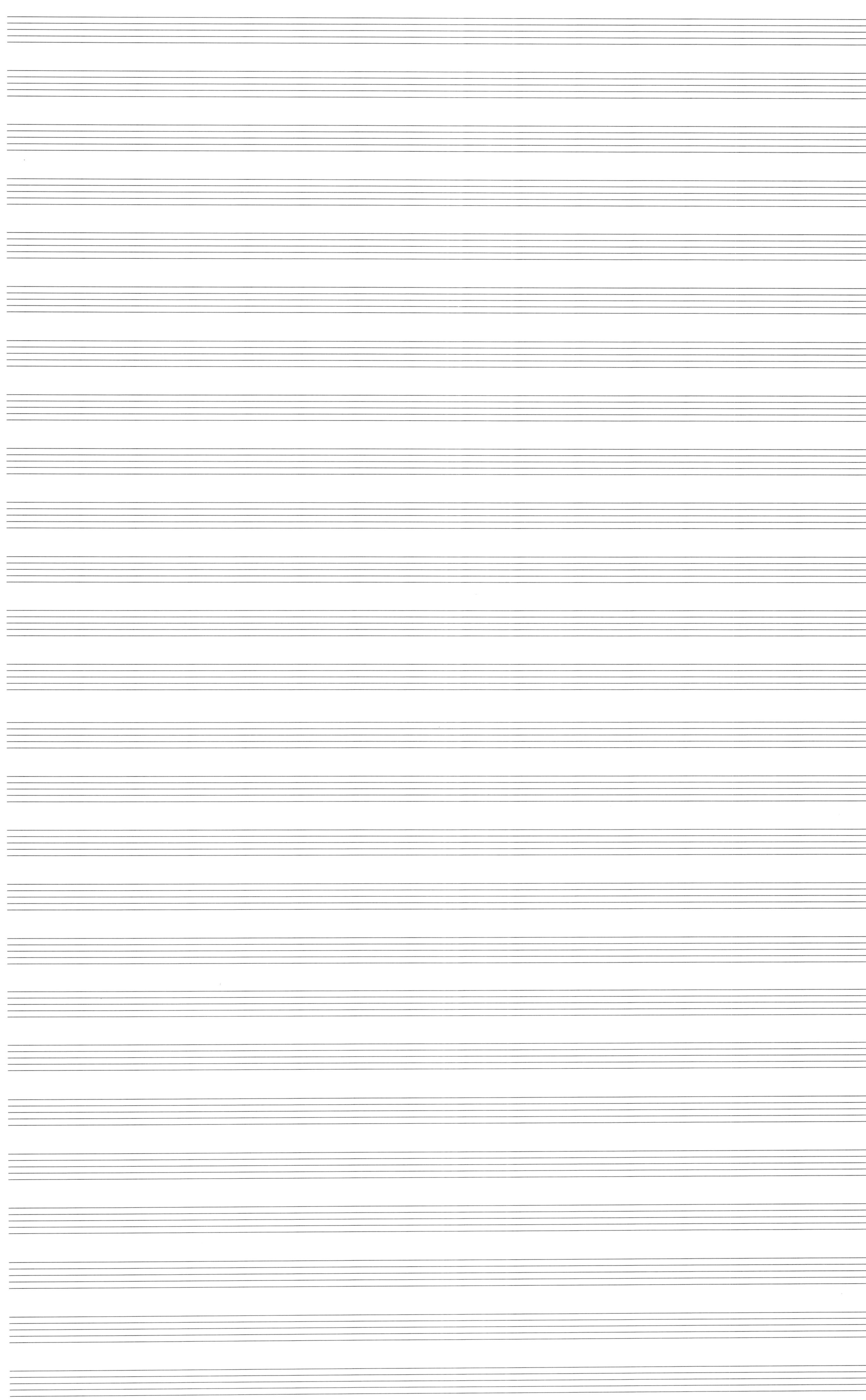

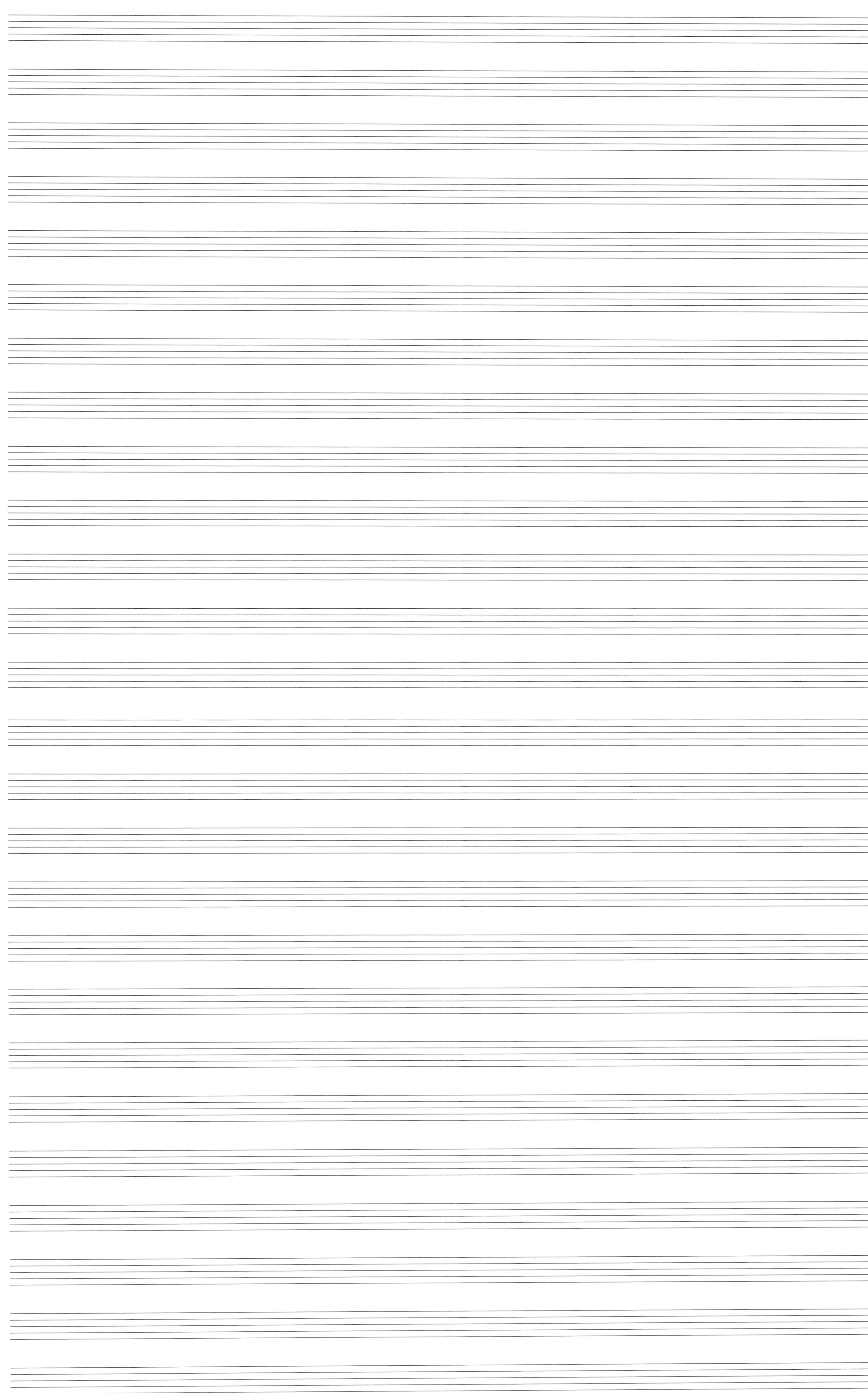

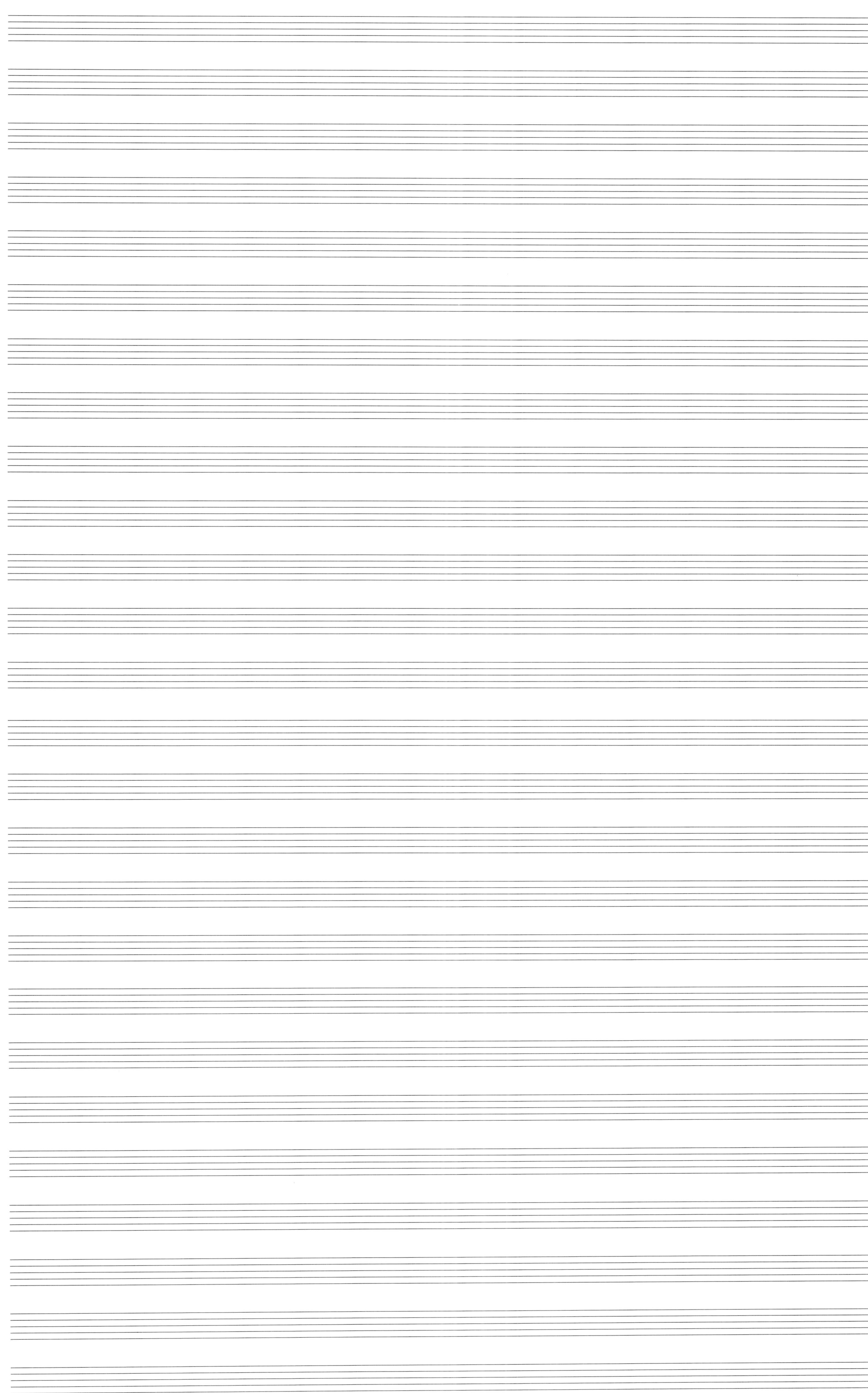

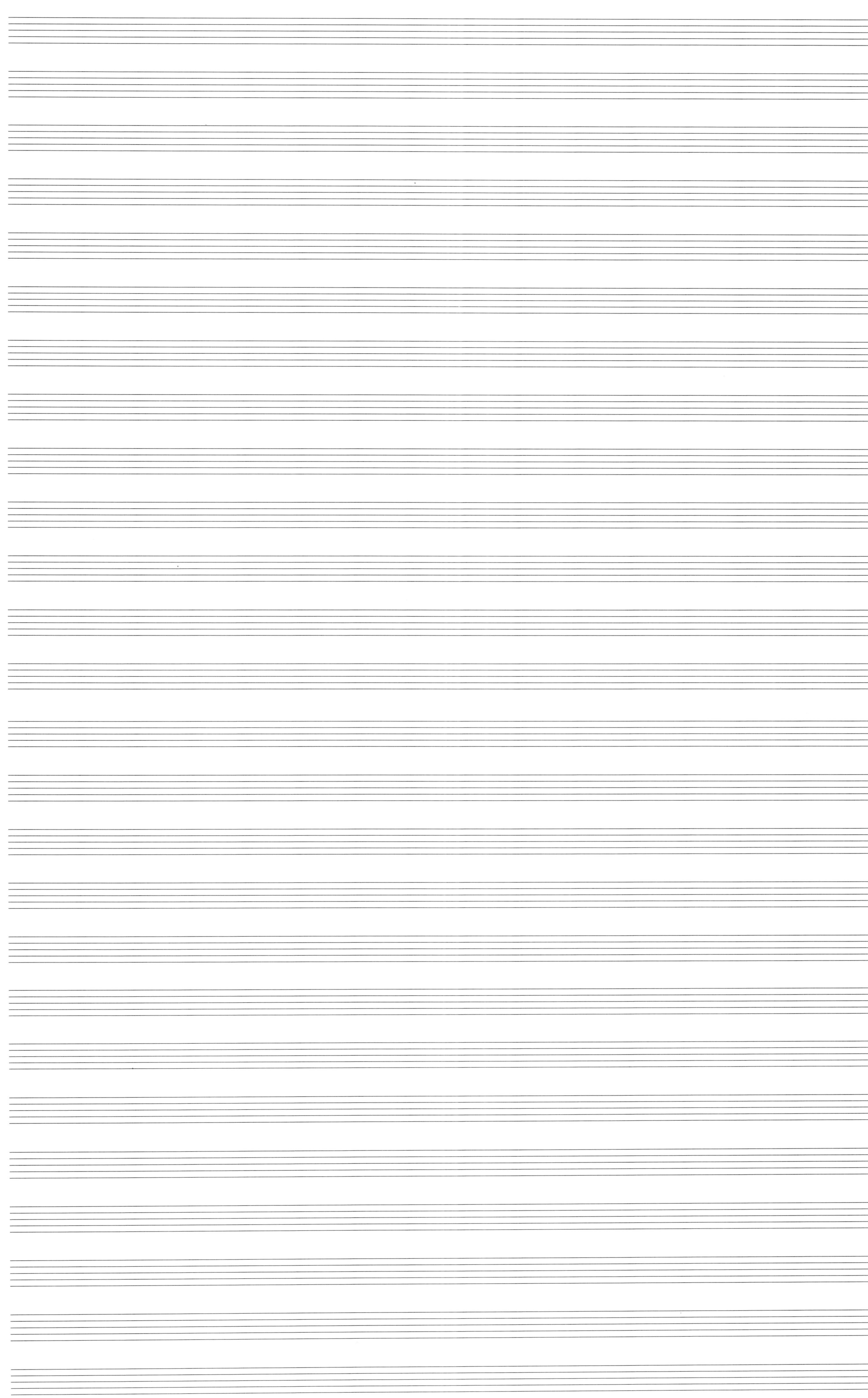

Carta No. 23